ALLES
— IN FARBE —
ZIMMER PFLANZEN
VON A BIS Z

MOEWIG

Die Ratschläge in diesem Buch sind von Autor und Verlag sorgfältig erwogen und geprüft, dennoch kann eine Garantie nicht übernommen werden.
Eine Haftung des Autors bzw. des Verlags für Personen-, Sach- und Vermögensschäden ist ausgeschlossen.

Übersetzung aus dem Englischen: Dr. Nixe Duell-Pfaff
Bearbeitung der deutschen Fassung: AMS, Reute
ISBN 3-8118-1305-6
Printed in Italy 1997

Inhalt

Einführung

Dieses Buch ist mehr als nur ein reines Nachschlagewerk für Namen, Größen oder andere Daten. Auf diesen Seiten werden Sie fast alle Zimmerpflanzen-Gattungen finden, die in Blumenläden oder Garten-Zentren angeboten werden. Natürlich ist es unmöglich, in einem Buch dieses Umfangs alle Arten, geschweige denn Sorten, aufzuzählen. Zumeist gelten aber die Ratschläge, die für die bekanntesten Arten einer Gattung gegeben werden, auch für andere Mitglieder dieser Pflanzengruppe. Auf die Angabe von Größe oder Blühdauer wurde absichtlich verzichtet, da diese durch die Wachstumsbedingungen beeinflußt werden und daher schwer vorhersagbar sind.
Wir haben uns immer bemüht, ganz sachlich zu sein. Wenn also eine Pflanze gewisse Tücken hat, so haben wir dies nicht verschwiegen. Die beschriebenen Vermehrungsmethoden sind auch für den Laien zu Hause anwendbar. Es mag daneben andere geben – doch was nützen sie, wenn dazu die nötige Ausstattung fehlt. Wenn hin und wieder der Rat gegeben wird, eine Pflanze lieber wegzuwerfen, statt Rettungsversuche zu unternehmen, so geschieht dies nur, um Enttäuschungen zu vermeiden. Auch „Wegwerfpflanzen" können unglaublich viel Freude machen und ihr Geld wert sein, wenn man sie als langlebige Schnittblumen betrachtet.

Die richtigen Voraussetzungen
Der Anblick einer schönen Pflanze kann sehr verführerisch sein und verleitet oft zu einem spontanen Kauf. Es ist jedoch besser, sich vorher zu überlegen, ob man der betreffenden Pflanze die richtigen Wachstumsbedingungen bieten kann. Ist man sich jedoch bewußt, daß die Pracht womöglich nur von kurzer Dauer ist, ist die Enttäuschung über den Kauf bei einem Mißerfolg nicht mehr ganz so groß – man genießt einfach die Schönheit im Bewußtsein, daß sie vergänglich ist.
Drei Faktoren entscheiden im wesentlichen über Erfolg oder Mißerfolg bei der Haltung von Zimmerpflanzen. Das sind: das zur Verfügung stehende Licht, die vorhandene Wärme und die Luft- und Bodenfeuchtigkeit, die man einer Pflanze bieten kann. Angaben zu den Bedürfnissen der beschriebenen Pflanzen finden Sie jeweils am Anfang der betreffenden Artikel. Die verwendeten Symbole werden im folgenden erklärt.

S Pflanze verträgt volle Sonne.

HSt Pflanze braucht einen hellen Standort, sollte aber nicht einer intensiven Sonnenstrahlung ausgesetzt werden.

Sch Pflanze, die Schatten verträgt, aber nicht sehr lange an einem dunklen Standort überlebt; sollte nicht direktem Sonnenschein ausgesetzt werden.

F Pflanze benötigt zum Gedeihen eine sehr hohe Luftfeuchtigkeit. Sie muß unter Umständen jeden Tag besprüht oder in einem Raum mit Luftbefeuchter gezogen werden.

HT Pflanze ist weniger anspruchsvoll, braucht aber noch eine mittlere Luftfeuchtigkeit.

T Pflanze verträgt auch eine geringe Luftfeuchtigkeit.

W Pflanze gedeiht während des Winters nur bei einer hohen Nachttemperatur (18–24° C).

G Pflanze braucht während des Winters eine mittlere Nachttemperatur (13–18° C).

K Pflanze erträgt während des Winters auch eine niedrige Nachttemperatur (7–13° C).

Ein Temperatursymbol in Klammern bedeutet, daß die Pflanze normalerweise nicht oder nicht notwendigerweise in grünem Zustand überwintert. Sie kann vielmehr den Winter auch als Zwiebel, Rhizom oder Knolle überdauern oder aber als Einjährige kultiviert werden. Man kann Gewächse dieser Art auch dann erfolgreich ziehen, wenn man die oben genannten Temperaturen nicht bieten kann. Wichtig ist nur, die Aussaat- oder Pflanztermine richtig zu wählen.

Die Bedeutung der Symbole in der Praxis
Wir haben die Angaben über Wachstumsbedingungen vereinfacht, um der Zimmerpflanzenhaltung etwas von ihrem „Mysterium" zu rauben und um einige der beste-

henden „festen Regeln“ zu widerlegen. Die präzise Angabe von Temperaturen kann nämlich irreführend sein. Wird z.B. eine Temperatur von 20° C empfohlen, so erleidet die Pflanze noch keinen Schaden, wenn die Temperatur auf 19° C oder gar 18° C sinkt, noch wird sie besser gedeihen, wenn die Temperatur auf 22° C steigt.

In einer Wohnung kann die Temperatur ohnehin nicht mit der Präzision gemessen und geregelt werden wie im Gewächshaus eines Züchters. Viele Pflanzen können auch durchaus kühler gehalten werden als empfohlen, vorausgesetzt ihre Erde ist nicht zu feucht.

Nächtliche Temperaturbereiche werden nur für die kalte Jahreszeit angegeben; im Sommer läßt sich die Temperatur in den meisten Wohnungen ohnehin kaum regeln. Meistens vertragen Pflanzen höhere Temperaturen, wenn mehr gegossen und die Luftfeuchtigkeit ebenfalls entsprechend erhöht wird. Eine höhere Temperatur ist jedoch keineswegs immer zuträglich, wenn nicht gleichzeitig auch mehr Licht zur Verfügung steht, um für ausgewogene Wachstumsbedingungen zu sorgen. Einige Pflanzen brauchen sogar zum Gedeihen zeitweise niedrigere Temperaturen. Die meisten Kakteen wachsen z.B. recht gut bei einer konstanten Temperatur von 27° C, blühen aber erst, wenn die Temperatur auch mal auf nur 7° C oder, in einigen Fällen, sogar bis fast zum Gefrierpunkt fällt.

Die Luftfeuchtigkeit ist schwerer zu regeln als die Temperatur. Mangelnde Luftfeuchtigkeit ist jedoch eine der Hauptursachen für Mißerfolge in der Zimmerpflanzenkultur. In der Regel sind Pflanzen, die mit einem **F** gekennzeichnet sind, schwer zu ziehen. Auf sie sollte man lieber verzichten, wenn man Anfänger ist oder aber nur wenig Zeit für die Pflege von Pflanzen zur Verfügung hat. Pflanzen mit einem **HT** sind relativ leicht zu ziehen, erfordern jedoch ebenfalls eine regelmäßige Pflege. Mit einem **T** versehene Pflanzen sind dagegen meist recht anspruchslos und wachsen auch ohne viel Fürsorge.

Ein Wort zu Topferden

Viele Zimmerpflanzenliebhaber empfehlen ein bestimmtes Pflanzsubstrat – meist eher eine torf- als eine lehmhaltige Topferde. Für die überwiegende Mehrheit der Topfpflanzen eignen sich jedoch beide Typen von Pflanzerde.

Viel wichtiger ist hingegen, wie sorgfältig man seine Pflanzen pflegt. Torfhaltige Erde ist gut, wenn man sie feucht hält und regelmäßig düngt. Ist man beim Gießen und Düngen nachlässiger, so kann eine lehmhaltige Erde besser sein. Spezielle Hinweise zur Pflanzerde werden daher nur bei den Pflanzen gegeben, die ganz bestimmte Ansprüche stellen. Dies gilt z.B. für Topfpflanzen, die Kalk nicht vertragen und daher eine saure Erde brauchen.

Wie man das Beste aus diesem Buch und seinen Zimmerpflanzen macht

Am meisten Freude hat man an seinen Zimmerpflanzen, wenn man von vornherein die richtigen Pflanzen wählt und zudem die Pflegeanweisungen ganz gewissenhaft befolgt.

Ist man sich bei einer bestimmten Vermehrungsmethode nicht sicher, ist ein Begriff unbekannt, oder möchte man lediglich die Vor- und Nachteile eines bestimmten Düngers kennenlernen, so sollte man den zweiten Teil dieses Buches, das Kapitel **Begriffe und Methoden,** zu Rate ziehen.

Die Pflanzen

Achimenes

Schiefteller

HSt/(G)/F

Die Gattung *Achimenes* umfaßt etwa 50 in Mittel- und Südamerika beheimatete Arten. Kultiviert werden aber nur moderne Hybriden mit blauen, purpurnen, rosafarbenen, gelben (ungewöhnlich) und weißen Blüten.
Der lateinische Name stammt vom Griechischen *acheimenos* ab, wobei das *a* eine Verneinung ist und *cheimon* Sturm oder Kälte bedeutet. Mit anderen Worten: die Pflanze verträgt keine Kälte. Eine Kältephase während der Vegetationsperiode kann für sie eine schwere Belastung darstellen und sie unter Umständen sogar dazu bringen, in die Ruhephase einzutreten. Diese Eigenart führte zu dem Glauben, man müsse die Pflanze mit warmem Wasser gießen.
Obwohl die Einzelblüten recht kurzlebig sind, kann Schiefteller durchaus von Juni bis Oktober blühen.

Achimenes 'Early Arnold'

Pflege
Schiefteller wächst am besten im Gewächshaus, kann mit der entsprechenden Pflege aber auch erfolgreich in der Wohnung gezogen werden. Wichtig ist ein heller Standort. Bekommt die Pflanze nämlich zu wenig Licht, so vergeilt sie und bildet auch keine Blütenknospen aus. Direktes Sonnenlicht fügt den Blättern dagegen Schaden zu.
Zum Winter sterben die oberirdischen Teile von *Achimenes* ab. Im Februar oder März kann man die trockenen Rhizome, später im Jahr, die Pflanzen selbst kaufen. Rhizome 10–20 mm tief in kalkfreie Erde setzen und bei etwa 18° C austreiben lassen. Dabei hilft tatsächlich die Gabe von etwas vorgewärmtem Wasser.
Die jungen Triebe sind schwach und dünn, so daß sie über den Topfrand hinabhängen, wenn man ihnen keinen Halt bietet. Damit die Pflanze buschig wächst, müssen die Triebspitzen abgeknipst werden.
Während der Vegetationsperiode darf die Topferde nie austrocknen. Im Herbst wird jedoch allmählich weniger gegossen. Wenn die Stengel zu welken beginnen, schneidet man sie ab und lagert das Rhizom frostfrei in trockenem Torf.

Vermehrung
Beim Wiedereinpflanzen werden die Rhizome geteilt. Man kann auch im Mai Stecklinge (5 cm lang) abschneiden.

Bekannte Arten
Kultiviert werden keine bestimmten Arten, sondern Hybriden. Es gibt jedoch zahlreiche Sorten, die man im Handel erwerben kann.

Adiantum

Frauenhaarfarn

Sch/G/F

Es gibt in der Natur mehr als 200 Arten von Frauenhaarfarn. In Kultur findet man dagegen nur etwa ein halbes Dutzend. Von einigen dieser Arten gibt es allerdings verschiedene Sorten. Manche von ihnen haben winzige Blätter, die der Pflanze ein zartes, fast ätherischen Aussehen verleihen, andere wiederum sehen mit ihren verhältnismäßig großen, überlappenden Blättern recht kräftig aus.

Pflege
Adiantum gedeiht im Gewächshaus meist wesentlich besser als im Haus. Wenn er also nicht nur als kurzfristige Dekoration dienen soll, ist es vernünftig, ihn nur

anschaffen, wenn man ihm einen warmen Standort ohne direkte Sonne und eine gleichbleibend hohe Luftfeuchtigkeit bieten kann. Kälte und Trockenheit sollten auf jeden Fall vermieden werden. Zum Gießen nur weiches Wasser verwenden und darauf achten, daß der Topfballen nie austrocknet.

Adiantum capillus-veneris

Umgetopft wird in eine kalkfreie Topferde. Wenn die Pflanze im November schlecht aussieht, stutzt man die Wedel, gießt weniger und stellt den Topf an einen warmen Ort. Nach einer mehrmonatigen Ruhepause wird wieder mehr gegossen und die Temperatur erhöht.

Vermehrung

Frauenhaar läßt sich durch Teilung vermehren. Den Farn aus Sporen zu teilen, ist schwieriger.

Bekannte Arten

A. capillus-veneris (subtropische und gemäßigte Regionen) mit hellgrünen, zart gefiederten Farnwedeln an schwarzen Stengeln. Wird selten höher als 30 cm. Es gibt eine Anzahl verschiedener Sorten.

A. raddianum *(A. cuneatum)* (Brasilien). Weniger anmutig, dafür aber kräftiger und weniger anspruchsvoll als *A. capillus-veneris.* Die jungen Wedel stehen aufrecht, neigen sich jedoch später. Viele Sorten, darunter auch die zart duftende 'Fragrantissimum'.

Aechmea

Lanzenrosette

HSt/G/HT

Gattung der Ananasgewächse, deren etwa 150 Arten überwiegend als Epiphyten (Aufsitzerpflanzen) in den tropischen und subtropischen Regenwäldern Mittel- und Südamerikas leben. Nur wenige Arten werden in größerem Umfang als Topfpflanzen gezüchtet und in blühendem Zustand verkauft. Die Blühdauer ist sehr lang, die Pflanze stirbt nach der Blüte ab. Sie ist dann jedoch meist von Schößlingen umgeben, bis diese allerdings zu blühen beginnen, vergehen einige Jahre.

Aechmea fasciata

Pflege

Während der Vegetationsperiode stets die mittlere Blattrosette von *Aechmea* mit weichem Wasser füllen und alle 14 Tage einen halbverdünnten Flüssigdünger hinzufügen. An sehr heißen Tagen die Pflanze noch zusätzlich mit weichem, temperiertem Wasser besprühen.

Vermehrung

Wenn die Schößlinge die halbe Höhe der Mutterpflanze erreicht haben, werden sie in eine Erde gepflanzt, die zu drei Vierteln aus Torf (Rhododendronerde) und zu einem Viertel aus scharfem Sand besteht.

Bekannte Arten

A. chantinii (Brasilien) mit dunkelolivgrünen Blättern, die weißliche Querstreifen aufweisen, und gelben Blüten zwischen rötlichen Brakteen.

A. fasciata *(A. rhodocyanea)* Lanzenrosette (Brasilien) mit trichterförmigen Rosetten aus bis zu 60 cm langen, silbriggrau quergestreiften Blättern und sehr haltbaren, pyramidenförmigen Blütenständen aus rosafarbenen Brakteen zwischen denen die kleinen blauen Blüten erscheinen.

Bei einigen Sorten ist die graue Musterung der Blätter stärker ausgeprägt als bei anderen.

Agave

Agave
S/K/T

In den Wüstengebieten Amerikas beheimatete Pflanzen mit einer Rosette aus fleischigen, wasserspeichernden Blättern, die bei einigen der 300 Arten in einem spitzen Stachel enden. Als Zimmerpflanzen eignen sich nur kleinere Agaven-Arten.

Pflege
Agaven im Winter kühl, aber frostfrei aufbewahren und im Sommer, wenn möglich, ins Freie stellen. Pflanzen im Sommer ausgiebig, im Winter kaum gießen und während der Vegetationsperiode alle 14 Tage düngen. Agaven sollten jedes Frühjahr in Kakteenerde oder eine auf Lehm basierende Pflanzerde umgetopft werden.

Vermehrung
Rings um die Basis einer größeren Pflanze bilden sich Seitensprosse, die leicht von der Mutterpflanze getrennt und eingetopft werden können.

Bekannte Arten	
A. filifera (Mexiko) bildet eine kugelige Rosette aus steifen, aufwärts gerichteten Blättern, deren Oberseite und Ränder im Inneren durch feine Fasern verstärkt sind.	**A. victoriae-reginae** (Mexiko) mit ebenfalls kugeliger Rosette aus dunkelgrünen Blättern, die am Rand einen weißen Streifen tragen.

Agave victoriae-reginae

Aglaonema

Kolbenfaden
HSt/G/HT

Mit dem Aronstab verwandte Pflanzengattung, von der man bislang 50 in den tropischen Regenwäldern des Malaiischen Archipels, der Inseln des Indischen und Pazifischen Ozeans und Chinas beheimatete Arten kennt.
Einige Arten werden ihrer interessant gemusterten Blätter wegen kultiviert. Es sind dekorative, recht einfach zu pflegende Zimmerpflanzen, die, wenn nötig, auch eine ganze Menge Schatten vertragen.

Aglaonema commutatum 'Treubii'

Pflege

Kolbenfaden am besten in einem breiten, flachen Topf kultivieren, da er über keinen großen Wurzelballen verfügt. Als Substrat eignet sich eine mit Torfmoos *(Sphagnum)* vermischte Erde. Während der Wachstumsperiode reichlich, sonst sparsam mit weichem Wasser gießen und im Sommer alle 14 Tage düngen.

Bei manchen Arten leiden die Blätter unter zu starkem Sprühen; man sollte sie daher nur einnebeln oder die Luftfeuchtigkeit auf andere Weise erhöhen. Topfballen nie ganz austrocknen lassen.

Vermehrung

Die einfachste Art der Vermehrung ist die Teilung einer gut ausgebildeten Pflanze.

Bekannte Arten

A. commutatum (Malaysia) mit ledrigen dunkelgrünen Blättern, deren silbrige Muster von der Mittelrippe ausgehen. Sorten wie 'Pseudobracteatum' (mit langen, schmalen, weiß und gelb gezeichneten, blasser gefärbten Blättern) und 'Treubii' (kleinere Pflanze mit stärker zugespitzten Blättern) werden bisweilen als separate Arten aufgeführt.

A. costatum (Malaysia) mit dunkelgrünen, weiß gefleckten Blättern und weißer Mittelrippe.

A. crispum *(A. roebelinii)* (Philippinen) mit großen, ovalen, am Ende spitz zulaufenden Blättern, die dunkelgrüne und silberne Streifen aufweisen.

A. modestum (Philippinen) mit ungemusterten Blättern, aber einer Höhe von bis zu einem Meter.

Pflanze gedeiht gut, wenn sie allein in einem Hydrokulturbehälter gezogen wird.

Aloe

Aloe

S/K/T

Die Gattung *Aloe* umfaßt einige hundert strauchartig verzweigte oder baumartig wachsende, sukkulente Arten. Die als Zimmerpflanzen gezogenen Formen der *Aloe* bilden für gewöhnlich kompakte Rosetten aus fleischigen, spitz zulaufenden Blättern.

Pflege

Aloe im Sommer im Freien in die Sonne stellen und alle 14 Tage düngen. Im Winter kaum gießen und kühl aber frostfrei aufbewahren, da zuviel winterliche Wärme die Blütenbildung hemmt. Beim Umtopfen Pflanzerde auf Lehmbasis oder Kaktuserde benutzen.

Vermehrung

Seitensprosse von der Mutterpflanze trennen und eintopfen.

Bekannte Arten

A. arborescens (Natal, Kapland, Malawi). Aufrechte, baumartig wachsende Pflanze mit fleischigen, stachelbewehrten Blättern und in Trauben stehenden orangeroten Blüten.

A. ferox (Kapland) mit dicken, fleischigen, mit bräunlich-rötlichen Stacheln besetzten Blättern und ein Meter hohen scharlachroten Blütenständen.

A. variegata (Südafrika) mit aufrechten Rosetten aus dunkelgrünen, weiß gebänderten Blättern und roten Blüten.

Aloe arborescens

Ananas

Ananas
S/G/HT

Aus dem tropischen und subtropischen Amerika stammende Ananasgewächse, zu denen auch die gleichnamige Tropenfrucht gehört. Die als Zimmerpflanzen verbreiteten Arten werden natürlich ihrer schönen Blätter und nicht der Früchte wegen gezogen, obwohl sich manchmal sogar eine kleine Frucht bilden kann.

Pflege
Während des Sommers reichlich gießen und dabei auch Wasser in den Blatttrichter füllen; an sehr heißen Tagen zusätzlich mit temperiertem Wasser besprühen und in der Wachstumsperiode alle 14 Tage düngen. Während des Winters eher sparsam gießen.
Es kann eine kleine Ananasfrucht entstehen, was jedoch bedeutet, daß die dazugehörige Pflanze absterben wird und man die Ableger weiterziehen muß. Kommerzielle Züchter können die Fruchtbildung innerhalb von etwa neun Monaten (nach der Bewurzelung der Pflanze) durch die Gabe von entsprechenden Hormonen anregen. Normalerweise dauert es jedoch einige Jahre, bis sich eine Frucht bildet.
Beim Umtopfen Pflanzen in eine Mischung aus drei Teilen Rhododendronerde und einem Teil scharfem Sand pflanzen.

Vermehrung
Ableger, die sich an der Basis der Mutterpflanze gebildet haben, können abgenommen und eingetopft werden. Man kann auch versuchen, eine Ananaspflanze aus der Spitze einer Ananasfrucht zu ziehen. Hierzu wird der obere Teil der Frucht mit der Blattrosette und etwas Fruchtfleisch abgeschnitten, das Fruchtfleisch entfernt und der Rest einen Tag lang an der Luft getrocknet. Wenn die Schnittfläche getrocknet ist, wird die Blattrosette in eine gut durchlässige, sandige Erde gesetzt, der Topf in Kunststoffolie gehüllt (damit die Luftfeuchtigkeit hoch bleibt) und dann an einen hellen, warmen Platz gestellt. Die Erde darf nicht austrocknen, aber auch nicht zu naß sein. Hat man Glück, so treibt das eingepflanzte Stück Wurzeln und wächst zu einer Pflanze heran.

Ananas comosus 'Variegatus'

Bekannte Arten
A. bracteatus 'Striatus' (Brasilien) mit grün und cremefarben gestreiften Blättern, die sich rosa verfärben, wenn sich ein Blütenstand bildet. Die Frucht ist rosarot gefärbt. **A. comosus 'Variegatus'** (tropisches Amerika) mit einer Rosette aus bis zu einem Meter langen grünen Blättern mit elfenbeinfarbigen, scharf gezähnten Rändern und meist rosafarbenen, kleinen Ananasfrüchten.

Anthurium

Flamingoblume
HSt/W/F

Pflanzengattung mit etwa 500, in den tropischen Regenwäldern von Mittel- und Südamerika beheimateten Arten, von denen sich jedoch nur zwei als Zimmerpflanzen eignen. Die ungewöhnliche „Blume“ von *Anthurium* besteht aus einer oft intensiv rot gefärbten Blütenscheide (Spatha) und einem geraden oder gewundenen Blütenkolben (Spadix).

Pflege
Flamingoblumen sind nicht leicht zu halten, da die Pflanzen viel Pflege benötigen. Sie ertragen während des Winters keine niedrigen Temperaturen und brauchen im Sommer eine hohe Luftfeuchtigkeit. Zum Gießen und Sprühen sollte temperiertes, weiches Wasser benutzt werden.

Vermehrung
Erfolgt durch Abnahme bereits bewurzelter Ableger. Für Stecklinge braucht man einen Vermehrungskasten, in dem eine gleichbleibend hohe Luftfeuchtigkeit und eine Temperatur von etwa 27° C herrscht.

Bekannte Arten
A. andreanum Große Flamingoblume (Kolumbien). Von dieser Pflanze werden nur Hybriden gezogen, da sie sich besser als Topfpflanzen eignen als die reine Art. Sie besitzen herzförmige Blätter sowie herzförmige Blütenscheiden, die weiß, rosa, lachsfarben oder orange- bis scharlachrot gefärbt sein können. Die Blütenkolben sind gerade. **A. scherzerianum** Kleine Flamingoblume (Guatemala) Von dieser Pflanze werden ebenfalls nur Hybriden kultiviert. Sie besitzen lanzettliche Blätter und spiralig gedrehte Blütenkolben. Die Blütenscheide ist leuchtend rot oder orange gefärbt.

Anthurium scherzerianum

Aphelandra

Glanzkölbchen

HSt/G/F

Eine Pflanzengattung mit etwa 200, im tropischen und subtropischen Amerika beheimateten Arten.

Pflege
Man sollte nicht enttäuscht sein, wenn *Aphelandra,* die üblicherweise in blühendem Zustand verkauft wird, im Wohnzimmer nur wenige Monate hält. Sie läßt sich nämlich unter normalen Zimmerbedingungen (zu geringe Luftfeuchtigkeit) nur sehr schwer halten.
Nach der Blüte wird der Blütenstand zusammen mit ein oder zwei Blattpaaren abgeschnitten, bevor man die Pflanze ein bis zwei Monate lang ruhen läßt. Im März wird umgetopft und die Feuchtigkeit sowie Temperatur erhöht; im Frühjahr und Sommer wird gedüngt.
Vieles kann dieser Pflanze zu schaffen machen: das Austrocknen des Wurzelballens, zuviel direkte Sonne, zuviel Schatten, Kälte oder eine zu geringe Luftfeuchtigkeit. Im Sommer sollten Glanzkölbchen mindestens jeden zweiten Tag mit Wasser besprüht werden.

Vermehrung
Im Frühling kann man aus neuen Trieben Sproßstecklinge anfertigen. Dafür braucht man jedoch einen Vermehrungskasten mit einer konstanten Innentemperatur von etwa 27° C. *Aphelandra* läßt sich im Haus nur schwer vermehren.

Bekannte Arten
A. squarrosa (Brasilien) einzige Art, die in größerem Umfang als Topfpflanze gezogen wird. Besitzt glänzend dunkelgrüne, weiß geäderte Blätter und zwischen haltbaren, goldgelben Brakteen versteckte kurzlebige Blüten. Von A. squarrosa gibt es eine ganze Anzahl schöner Sorten wie z.B. 'Louisiae' und 'Fritz Prinsler'.

Aphelandra squarrosa 'Louisiae'

Aporocactus

Schlangenkaktus

S/K/T

Der lateinische Name dieser Gattung wurde abgeleitet vom griechischen Wort *aporos* (verschlungen) und bezieht sich auf die lang herabhängenden, schlangenförmigen Triebe, auf die auch der deutsche Name Bezug nimmt. Die Blüten von *Aporocactus* erscheinen im Frühling.

Aporocactus flagelliformis

Pflege

In ihrer Heimat wachsen diese Kakteen als Epiphyten in hohen Gebirgslagen. Um die Blütenbildung anzuregen, müssen sie daher im Winter kühl gehalten werden. Vom Februar an sollte man die Temperatur und, wenn möglich, auch das Lichtangebot wieder steigern. Den Sommer kann die Pflanze im Freien verbringen. Sobald sich Blütenknospen gebildet haben, sollte man sie allerdings nicht mehr drehen, da sonst die Knospen abfallen.

Zum Umtopfen verwendet man eine Kaktuserde oder eine auf Lehm basierende andere Pflanzerde. *Aporocactus* ist leicht zu pflegen und eignet sich daher gut für Anfänger.

Vermehrung

Der Kaktus kann aus Samen gezogen werden; er läßt sich aber durch Stecklinge, die man im Sommer Wurzeln treiben läßt, wesentlich schneller vermehren.

Bekannte Arten	
A. flagelliformis Schlangen- oder Peitschenkaktus (Mexiko) mit über 60 cm lang herabhängenden Trieben, die dicht mit kleinen Stacheln besetzt sind, und 7,5–10 cm langen roten Blüten.	**A. flagriformis** (Brasilien, Paraguay) eine weniger bekannte Art mit dickeren Trieben und von roten Hochblättern umgebenen violetten Blüten.

Araucaria

Araukarie

HSt/K/F

Die nach den Norfolk-Inseln benannte Norfolk-Tanne *(Araucaria heterophylla)* wächst in ihrer Heimat zu einem stattlichen, bis zu 70 m hohen Baum heran. Unter den richtigen Wachstumsbedingungen läßt sie sich aber auch einige Jahre lang als attraktive Zimmerpflanze ziehen, was ihr zu dem Namen „Zimmertanne“ verhalf.

Pflege

Da die Zimmertanne trockene Luft nicht verträgt, ist sie in zentralbeheizten Wohnungen schwer zu halten. Der Mangel an Luftfeuchtigkeit muß nämlich durch häufiges Besprühen ausgeglichen werden. Außerdem sollte die

Araucaria heterophylla

Pflanze an einem gut belüfteten Standort (z.B. an einem Nordfenster) wachsen. Gegossen wird mit weichem, temperiertem Wasser. Der Wurzelballen darf im Sommer nicht austrocknen, im Winter aber nicht zu feucht sein – beides kann zum Verlust der Blätter führen. Im Sommer wird gedüngt; zu häufiges Umtopfen bewirkt allerdings, daß der Baum zu groß wird.

Vermehrung
Die Vermehrung von Zimmertannen überläßt man am besten Fachleuten, da nur sie über die dafür nötige Ausstattung verfügen. Sie ziehen die Pflanzen aus Samen oder Kopfstecklingen, doch beide Methoden eignen sich nicht für die Aufzucht im Haus.

Bekannte Arten

A. heterophylla *(A. excelsa)* Norfolk-Tanne, Zimmertanne (Ostaustralien bis Neukaledonien) mit kleinen, derben, nadelartigen Blättern und waagerecht vom Stamm abstehenden, in Quirlen angeordneten Ästen.

Asparagus

Zierspargel

HSt/K/HT

Pflanzengattung mit rund 300, überwiegend aus Ost-, West- oder Südafrika stammenden Arten. Trotz des farnähnlichen Aussehens der Scheinblätter (grüne Seitentriebe mit feinen, nadelförmigen Kurztrieben) einiger Arten gehört *Asparagus* zu den Liliengewächsen.

Pflege
Einige Spargel-Arten, wie z.B. *A. densiflorus (A. sprengeri)*, sind recht robust und vertragen sowohl Hitze wie Kälte, jedoch keinen zu schattigen Standort. Sie sollten vom Frühling bis zum Herbst regelmäßig, im Winter aber nur sehr sparsam gegossen und während der Vegetationsperiode wöchentlich gedüngt werden. Bei Hitze die Pflanze hin und wieder mit Wasser besprühen.

Vermehrung
Zierspargel wird im Frühling ausgesät oder geteilt.

Bekannte Arten

A. densiflorus (Natal). Von dieser Art gibt es mehrere Sorten, unter denen 'Sprengeri' (oft noch als *A. sprengeri* bezeichnet) die bekannteste ist. Sie besitzt überhängende Triebe, die schön herabhängen, wenn die Pflanze in einer Ampel gezogen wird. 'Meyeri' hat dagegen einen aufrechten Habitus und besitzt fein verzweigte Triebe.

A. setaceus *(A. plumosus)* (Südafrika) besitzt sehr zarte, fein geteilte Triebe, die zunächst aufrecht wachsen, dann aber überhängen. Die Pflanze braucht eine Ruhephase im Winter und ist auch sonst anspruchsvoller als die zuvor genannte Art. Die Sorte 'Nanus' ist kräftiger gebaut.

Asparagus setaceus

Aspidistra

Schusterpalme

HSt–Sch/K/HT–T

Aspidistra elatior

Pflanzengattung mit bislang acht bekannten Arten, von denen nur eine als Zimmerpflanze kultviert wird. Sie gehörte früher, als das Angebot an Zimmerpflanzen noch recht begrenzt war, zu den meistgezogenen Topfpflanzen. Ihre Beliebtheit verdankte sie nicht nur ihrem attraktiven Äußeren, sondern auch ihrer großen Widerstandsfähigkeit. Heute ist die Schusterpalme eine ziemlich teure Zimmerpflanze, weil sie sich, zumindest aus gewerblicher Sicht, nicht schnell genug vermehren läßt.

Pflege

Die Schusterpalme toleriert alles außer direkter Sonne und zu nasser Erde. Obwohl sie in trockener Zimmerluft gedeiht, sollte man ihre Blätter doch hin und wieder mit sauberem Wasser abwischen. Umtopfen scheint *Aspidistra* nicht zu bekommen; man sollte die Pflanze daher einige Jahre ungestört in ihrem Topf wachsen lassen.

Vermehrung

Kräftige Pflanzen im Frühling oder Sommer teilen.

Bekannte Arten
A. elatior (China, Japan) mit grundständigen, bis zu 60 cm langen, dunkelgrünen, lanzenförmigen Blättern sowie an der Basis erscheinenden, unscheinbaren, mattlilafarbenen Blüten. Dekorativer ist die Sorte 'Variegata', da ihre Blätter eine unregelmäßige cremeweiße Musterung aufweisen.

Asplenium

Streifenfarn

HSt/G/F

Umfangreiche Pflanzengattung, zu der sowohl für den Steingarten geeignete winterharte Farne, als auch empfindliche tropische Pflanzen mit ganz anderem Erscheinungsbild gehören.

Pflege

Die hier beschriebenen Arten sehen sehr unterschiedlich aus. Beide sind heikel, wenn man nicht die notwendige Wärme und Feuchtigkeit bieten kann. Im Sommer sollte daher häufig mit weichem Wasser gegossen und gesprüht werden; es lohnt sich auch, den Topf hin und wieder ganz in Wasser einzutauchen. Streifenfarn sollte

Asplenium nidus

nie ganz austrocknen und während der Wachstumsperiode alle 14 Tage gedüngt werden.
Er gedeiht meist recht gut in torfhaltiger Erde.
Asplenium nidus ist ein Epiphyt, der zusammen mit Bromelien auf einem Epiphytenstamm (*siehe* Seite 104) gezogen werden kann.
A. bulbiferum ähnelt eher einem normalen Farn, ist jedoch interessant, weil sich auf der Oberfläche der Wedel kleine Pflänzchen bilden, die abgenommen und eingepflanzt werden können.

Vermehrung
A. bulbiferum läßt sich am einfachsten dadurch vermehren, daß man die kleinen Pflänzchen, die sich auf seinen Wedeln bilden, abnimmt und einpflanzt. *A. nidus* hingegen muß mühsam aus Sporen aufgezogen werden – eine Sache für Liebhaber.

Bekannte Arten	
A. bulbiferum (Australien, Neuseeland) mit fein geteilten, überhängenden Wedeln, die großen Möhrenblättern ähneln. An den ausgewachsenen Wedeln bilden sich kleine Pflänzchen.	**A. nidus** Nestfarn (tropisches Asien) mit einer Rosette aus glänzend hellgrünen, bis zu 90 cm langen, ganzrandigen, etwas gewellten Wedeln mit dunkler Mittelrippe.

Astrophytum

Bischofsmütze

HSt–S/K/T

Kleine Kakteengattung mit nur vier Arten, von denen es eine ganze Reihe leicht zu ziehender Sorten und Hybriden gibt. Die Pflanzen bestehen aus einem zunächst kugelig, dann zylindrisch angeschwollenen Sproß, der in mehrere Rippen unterteilt ist und im Sommer trichterförmige Blüten ausbildet.

Pflege
Stets sparsam, und erst wenn die Erde auszutrocknen beginnt, gießen. Während des Winters nicht gießen, sondern kühl und trocken aufbewahren, da die winterliche Kälteperiode die Blütenbildung stimuliert.
Kaktus in jedem Frühling in Kakteenerde oder eine lehmhaltige Pflanzerde umtopfen, bis eine Topfgröße von 13 cm erreicht ist.

Vermehrung
Da diese Kakteengattung nicht dazu neigt, Seitensprosse zu bilden, die man abnehmen und einpflanzen könnte, wird sie normalerweise durch Samen vermehrt, was allerdings recht langsam vor sich geht. Kakteenliebhaber beschleunigen das Wachstum der Kakteen, indem sie sie auf Kakteen anderer Gattungen aufpfropfen, bis sie groß genug sind, um selbständig mit eigenen Wurzeln weiterzuwachsen.
Für gewöhnlich kauft man sich eine schon etwas größere Pflanze, statt sie selbst aufzuziehen.

Bekannte Arten	
A. myriostigma Bischofsmütze (Mexiko). Eine zunächst kugelige, später mehr zylindrisch geformte Pflanze mit fünf (sechs) markanten, mit kleinen weißen Flöckchen überzogenen, aber dornenlosen Rippen sowie trichterförmigen gelben Blüten.	**A. ornatum** Sternkaktus (Mexiko) mit meist rundem, weiß beflocktem, in acht deutliche, mit Dornen bewehrte Rippen unterteiltem Körper und zitronengelben Blüten.

Astrophytum ornatum

Azalea

Azalee

HSt/K/HT

Der botanische Name der hier beschriebenen Pflanzen lautet *Rhododendron simsii,* im allgemeinen Sprachgebrauch schlicht und einfach Azalee.

Der Name Rhododendron ist abgeleitet von den griechischen Worten *rhodon* (Rose) und *dendron* (Baum), was darauf hinweist, daß große Rhododendren wirklich wie mit Rosen überschüttete kleine Bäume aussehen können.

Am meisten kultiviert und verkauft wird der chinesische *Rhododendron simsii*; neben ihm wird bisweilen auch *Rh. obtusum* angeboten, der kleinere Blüten besitzt, die zudem in geringerer Zahl erscheinen; ein Nachteil, der dadurch wieder ausgeglichen wird, daß man die Pflanze nach der Blüte in den Garten pflanzen kann.

Pflege

Azaleen werden meistens in blühendem Zustand angeboten. Wenn man sie mit vielen Knospen kauft und richtig behandelt, kann man sich lange Zeit an ihnen erfreuen. Voraussetzung für ein gutes Gedeihen der Pflanze ist jedoch ein kühler Raum und ein stets feuchter (aber nicht mit Wasser vollgesogener) Wurzelballen. Verblühtes sollte regelmäßig entfernt werden.

Schwierig wird es, wenn man die Pflanze auch im nächsten Jahr zum Blühen bringen will. Hierzu wird die Azalee nach der Blütezeit in einen kühlen, aber frostfreien Raum gestellt und mit kalkfreiem Wasser feucht gehalten. Wenn kein Frost mehr zu erwarten ist, gräbt man den Topf im Garten ein und gießt, besprüht und düngt ihn regelmäßig bis zum Herbstbeginn. Dann kommt die Pflanze in einen kühlen Innenraum, wo sie blühen kann. Beim Umtopfen (am besten einen Monat nach der Blüte) immer eine kalkfreie Erde verwenden.

Azalee *(Rhododendron simsii)*

Bekannte Arten

R. obtusum (Japan) mit kleinen glänzenden, immergrünen und an der Unterseite helleren Blättern sowie in Gruppen angeordneten trichterförmigen Blüten. Verkauft werden Hybriden, die in den verschiedensten Farben blühen.

R. simsii (China) mit kleinen immergrünen Blättern und einer Vielzahl von einfachen oder gefüllten, bis zu 5 cm großen Blüten. Verkauft werden Hybriden mit weißen, rosa- oder lachsfarbenen, purpur- oder karminroten, auch andersfarbig geränderten Blüten.

Beaucarnea

S/K/T

Die Mitglieder der Gattung *Beaucarnea* sind eher interessant als schön. Gelegentliche Trockenphasen nehmen sie nicht übel.

In den Vereinigten Staaten sind diese Pflanzen bekannter als in Europa; man pflanzt sie in Los Angeles sogar als Straßenbäume.

Pflege

Den Sommer kann diese Pflanze im Freien verbringen; im Haus braucht sie einen hellen Standort. Während des Sommers sollte die *Beaucarnea* monatlich gedüngt und regelmäßig gegossen werden, wenn die Erde auszutrocknen beginnt; im Winter gießt man nur selten. Eine lehmhaltige Erde verleiht der Pflanze im Topf mehr Halt.

Vermehrung

Am erfolgversprechendsten ist die Vermehrung durch

Samen. Diese sind jedoch schwer zu bekommen, so daß man wohl oder übel eine Pflanze kaufen muß.

Bekannte Arten	
B. recurvata *(Nolina recurvata)* (Mexiko) mit langen, überhängenden, graugrünen Blättern, die zunächst aus der dick angeschwollenen Basis, später aus dem Stamm der Pflanze sprießen.	**B. stricta** *(Nolina stricta)* wie die zuvor beschriebene Art, nur mit rauheren Blatträndern.

Beaucarnea recurvata

Begonia

Blühende Begonie
HSt/G/HT

Zur Gattung der Begonien gehören über 1000 Arten. Es verwundert daher nicht, daß die als Zimmerpflanzen kultivierten Arten recht unterschiedlich aussehen und auch ganz unterschiedliche Ansprüche stellen. Hier können aus Platzgründen nur weniger als ein Dutzend Arten beschrieben werden. Sie werden jedoch in zwei Gruppen eingeteilt: Begonien, die ihrer Blüten wegen und Begonien, die ihrer Blätter wegen kultiviert werden.

Als blühende Zimmerpflanzen werden meist 'Gloire de Lorraine' sowie die Hiemalis/Elatior-Hybriden gezogen, von denen der Rieger-Stamm sich dadurch auszeichnet, daß er weniger anfällig gegenüber Mehltau ist.

Pflege
Die Topferde sollte bei blühenden Begonien immer feucht, aber nie zu naß sein. Die unten genannten Begonien können nach der Blüte weitergezogen werden. Es empfiehlt sich jedoch, ältere Pflanzen wegzuwerfen und Nachwuchs heranzuziehen. Begonien brauchen Feuchtigkeit, sollten aber nicht besprüht werden, da dies den Befall mit Mehltau fördern könnte.

Vermehrung
Durch Sproßstecklinge, die sogar in Wasser Wurzeln treiben.

Bekannte Arten	
B. elatior-Hybriden *(B. x hiemalis)* (Kulturformen) Zu dieser Gruppe gehören unter anderem die Rieger-Begonien. Sie blühen hauptsächlich im Winter, können aber durch eine entsprechende Behandlung dazu gebracht werden, auch zu anderen Jahreszeiten Knospen zu bilden. Als Blütenfarben treten vor allem Rot-, Rosa- und Gelbtöne auf. **B. semperflorens** (Brasilien)	Meist nur einjährig gezogene Staude mit glänzend grünen oder bronzefarbenen Blättern sowie einer Unzahl kleiner weißer, rosafarbener oder roter Blüten. Viele Sorten dieser Art werden zur Bepflanzung von Sommerrabatten benutzt. Sie können zu Beginn des Herbstes auch eingetopft und ins Haus genommen werden, wo sie den Winter über weiterblühen.

Begonia elatior

Begonia

Blattbegonie

HSt/G/F

Von den über 1000 Begonien-Arten besitzen viele sehr dekorative Blätter. Hier werden aus der Vielzahl dieser Arten nur die bekanntesten genannt, die man in Gärtnereien findet. Begonien mit auffälligen Blüten werden auf Seite 17 vorgestellt.

Pflege

Blattbegonien brauchen einen hellen Standort ohne direkte Sonneneinstrahlung sowie eine feuchte Atmosphäre. Die Blätter sollten allerdings nicht befeuchtet werden. Während der warmen Monate darf die Topferde nie austrocknen, aber auch nicht zu naß sein; im Winter hält man sie eher trocken. Blattbegonien sollten jedes Frühjahr in torfhaltige Blumenerde umgetopft werden.

Vermehrung

Die meisten Blattbegonien können ganz einfach durch Blattstecklinge (siehe Seite 112) oder auch durch Sproßstecklinge vermehrt werden.

Bekannte Arten

B. boweri (Mexiko) mit smaragdgrünen, am Rand braun gezeichneten und behaarten Blättern.
B. masoniana (Südostasien) mit runzeligen grünen Blättern, die ein bräunlich-lilafarbenes Fleckenmuster aufweisen.
B. rex Königsbegonie (Assam) von der kaum die Wildform, dafür aber verschiedene Hybriden mit leuchtend bunt gemusterten Blättern gezogen werden. Es ist schwierig, eine Pflanze über einen längeren Zeitraum zu halten. Neue Sorten lassen sich jedoch leicht vermehren.

Begonia rex

Beloperone

Zimmerhopfen

S–HSt/G/HT

Obwohl zu dieser Gattung rund 60 tropische Sträucher gehören, wird nur eine einzige Art, nämlich *Beloperone guttata,* als Topfpflanze kultiviert. Die Pflanze wurde bereits mehrfach umbenannt, so daß man sie in einigen Büchern nicht unter ihrem handelsüblichen Namen, sondern unter den Namen *Justicia brandegeana* oder *Drejerella guttata* findet.

Pflege

Pflanze im Sommer reichlich, im Winter weniger gießen. Im Juni lange Zweige so weit zurückschneiden, daß der kleine Strauch eine schöne Form behält. Vom Frühling bis zum Herbst wöchentlich düngen, die Pflanze im Sommer vor allzuviel direkter Sonne schützen.

Vermehrung

Man schneidet aus jungen Trieben Stecklinge und läßt sie in einem Vermehrungskasten Wurzeln treiben.

Bekannte Arten

B. guttata *(Justicia brandegeana, Drejerella guttata)* (Mexiko) mit 10–20 cm langen, endständigen, überhängenden Blütenähren aus dachziegelartig überlappenden, gelblich-grünlichen bis bräunlich-rötlichen Deckblättern, zwischen denen die 3 cm langen, recht kurzlebigen weißen Blüten stehen. Im Englischen wird *Beloperone* 'Shrimp Plant' genannt, da die Blütenstände angeblich großen Garnelen gleichen.

Beloperone guttata

Billbergia

Billbergie
HSt/G/HT

Obwohl etwa 60 Arten dieser Bromeliengattung in den tropischen Regenwäldern zwischen Mexiko und Brasilien bzw. Argentinien wachsen, sind nur zwei Arten als Zimmerpflanzen weiter verbreitet.

Pflege
Billbergien gehören zu den pflegeleichtesten Bromelien. *B. nutans* ist eine nahezu unverwüstliche Topfpflanze, die auch eine niedrigere Temperatur als angegeben verträgt. Den Sommer kann sie im Freien verbringen, wenn sie durch reichliches Gießen immer feucht gehalten wird; im Winter sollte dagegen weniger Wasser gegeben werden. Gegossen wird dabei die Erde – die Blatttrichter müssen nicht aufgefüllt werden. Während der Wachstumsphase alle 14 Tage düngen.
Am besten läßt man diese Pflanze zu einem großen „Busch" heranwachsen und topft sie erst um, wenn sie buchstäblich über den Topfrand hinausquillt.

Vermehrung
Hierzu wird eine ältere Pflanze beim Umtopfen geteilt, oder es werden Seitensprosse von der Mutterpflanze abgetrennt und in kleinere Töpfe gepflanzt.

Bekannte Arten

B. nutans Zimmerhafer (Brasilien) mit einem Busch langer, schmaler Blätter, zwischen denen die nickenden Blütenschäfte mit ihren rosaroten Hochblättern erscheinen. Die Blüten haben rosarote Kelchblätter mit blauem Rand und ebenfalls blaugeränderte gelblichgrüne Blütenblätter
B. x windii (Kulturform) wie *B. nutans,* nur insgesamt größer.

Billbergia x windii

Blechnum

Rippenfarn
Sch/G/HT

Blechnum gibbum

Auch wenn es andere Rippenfarn-Arten in Kultur gibt, wird man in Garten-Zentren nur *B. gibbum* finden.

Pflege
Rippenfarn gedeiht am besten an einem schattigen, aber nicht zu dunklen Platz. Er sollte vom Frühling bis zum Herbst großzügig gegossen und einmal monatlich gedüngt werden; während des Winters reicht mäßiges Gießen. *Blechnum* wirkt am dekorativsten, wenn er allein steht.

Vermehrung
Eine große Pflanze kann geteilt werden. Im Frühling lassen sich auch Sporen aussäen, aber diese Art der Vermehrung ist mühselig.

Bekannte Arten

B. gibbum (Neukaledonien) mit einer Rosette aus bis zu 100 cm langen, robusten, glänzend grünen Wedeln, die in zahlreiche Fiederblätter geteilt sind.

Browallia

HSt/(G)/HT

Pflanzengattung mit etwa einem halben Dutzend halbwinterharter einjähriger Pflanzen, die hauptsächlich durch *B. speciosa* und ihre Hybriden repräsentiert werden. Es gibt einige bekannte Sorten, die sich leicht aus Samen ziehen lassen. Sie sollten jedoch besser im Gewächshaus aufgezogen und nur zum Blühen ins Haus genommen werden.

Pflege

Hat man kein eigenes Gewächshaus, um sie selbst zu ziehen, wird *Browallia* in der Regel zur Blütezeit gekauft. Sie sollte einen hellen Platz ohne direkten Sonnenschein erhalten, regelmäßig gegossen und wöchentlich gedüngt werden.

Vermehrung

Durch Samen, den man im Frühling/Sommer aussät.

Bekannte Arten
B. speciosa (Kolumbien) mit lanzettlichen Blättern und in den Blattachseln stehenden, stieltellerförmigen blauvioletten Blüten. Es gibt verschiedene Sorten mit weißen und blauen Blüten.

Browallia speciosa

Caladium x hortulanum

Caladium

Kaladie (Buntwurz, Buntblatt)

HSt/W/F

Äußerst dekorative Blattpflanze aus dem tropischen Amazonasurwald, die als Zimmerpflanze jedoch eine hohe Luftfeuchtigkeit und eine entsprechende Temperatur braucht, um schön zu bleiben.

Pflege

Die im Handel erhältlichen Kaladien werden aus Knollen gezogen. Sie brauchen sehr viel Feuchtigkeit, um im Haus längere Zeit zu überleben. Das bedeutet, daß sie täglich mit Wasser besprüht werden müssen, ohne daß die Blätter allzu naß werden. Pflanzen während des Sommers reichlich gießen und vom Juli an wöchentlich düngen. Im September, wenn die Blätter zu welken beginnen, allmählich weniger Wasser geben und schließlich die ruhende Knolle während des Winters im Topf in einem warmen Raum aufbewahren. Knolle dann im März umtopfen (2,5 cm tief in die Erde setzen) und bei 24° C und hoher Luftfeuchtigkeit antreiben.

Vermehrung
Beim Wiedereinpflanzen der Knolle können von dieser kleinere Knollen abgenommen und separat eingepflanzt werden. Sie brauchen jedoch sehr viel Wärme und eine hohe Luftfeuchtigkeit, um auszutreiben. Auch wenn diese Bedingungen erfüllt sind, hat man nicht immer Erfolg.

Bekannte Arten

C. x hortulanum Hybriden, die aus *C. bicolor* und anderen Arten entstanden sind. Es gibt eine ganze Anzahl bekannter Sorten mit zarten langgestielten, herz- oder pfeilförmigen Blättern, deren ca. 30 cm lange Spreite grün, weiß, rosarot oder rot gefleckt, geädert oder marmoriert sind.

Calathea

Korbmarante

HSt–S/G/F

Wunderschöne Blattpflanzen, die ziemlich schwer als Zimmerpflanzen zu ziehen sind. Die Blätter wurden von den Indianern benutzt, um Körbe zu flechten. Daher auch der vom griechischen *kalathos* (Korb) abgeleitete Gattungsname.

Pflege
Die Wachstumsphase der Korbmarante dauert von März bis September. Während dieser Zeit sollte der Wurzelballen stets feucht gehalten und vierzehntägig gedüngt werden. Außerhalb dieser Zeit wird so gegossen, daß die Erde nie ganz austrocknet, aber auch nie zu naß ist. Wesentlich ist eine hohe Luftfeuchtigkeit; um sie zu erreichen, genügt normales Sprühen unter Umständen nicht.
Pflanze jedes Frühjahr umtopfen, da sie der Erde schnell die Nährstoffe entzieht.

Vermehrung
Kräftige Pflanzen können im Juni geteilt werden.

Bekannte Arten

C. crocata (Brasilien). Im Gegensatz zu anderen Arten der Gattung wird diese ihrer haltbaren orangefarbenen Blütenstände wegen gezogen. Die grünen Blätter sind rötlich angehaucht.
C. lancifolia *(C. insignis)* (Brasilien) mit bis zu 50 cm langen, lanzettlichen Blättern, die an der Unterseite purpurn gefärbt sind und an der grünen Oberseite ein von der Mittelrippe ausgehendes dunkleres „Blattmuster" aufweisen.
C. makoyana *(Maranta makoyana)* (Brasilien) mit 15–20 cm langen, fast ovlen, langgestielten Blättern, deren silbrig-grau gefärbte Oberseite ebenfalls von der Mittelrippe ausgehende grüne Flecken in der Form kleiner Blättchen aufweist – ein Muster, das sich auf der Blattunterseite in dunklem Purpurrot wiederholt.

Calathea makoyana

Campanula

Glockenblume

S–HSt/K/HT

Insgesamt gibt es rund 300 verschiedene Glockenblumenarten, von äußerst frostresistenten Alpenpflanzen bis hin zu kälteempfindlichen Pflanzen, die am besten im Gewächshaus aufgehoben sind. Die zwei unten genannten Arten sind hübsche Zimmerpflanzen, die aber nur mit Schwierigkeiten das ganze Jahr über im Haus gehalten werden können.

Campanula isophylla

Pflege

Die zwei hier beschriebenen Glockenblumen brauchen im Zimmer einen hellen Standort, um nicht zu vergeilen. Sie vertragen jedoch nicht allzuviel direktes Sonnenlicht hinter einer Fensterscheibe. Den Sommer sollten sie daher, wenn sie nicht gerade blühen, im Freien verbringen. Dabei reichlich gießen und wöchentlich düngen. Im Winter sparsamer gießen und gelegentlich besprühen. Jedes Frühjahr umtopfen.

Vermehrung

Viele Glockenblumen können aus Samen aufgezogen werden; im Haus ist dies jedoch nicht so einfach. Daher ist es ratsamer, eine Pflanze beim Umtopfen zu teilen oder im Frühling Stecklinge zu machen.

Bekannte Arten

C. carpatica (Karpaten). Völlig winterharte, auch für den Steingarten gut geeignete Staude mit bis zu 4 cm breiten, nach oben gerichteten, becherförmigen blauen Blüten, die so zahlreich erscheinen, daß sie die Blätter der Pflanze ganz verdecken.

C. isophylla (Italien). Niederliegende Pflanze mit mattgrünen Blättern und einer Fülle blauer oder weißer, sternförmiger Blüten.

Capsicum

Zierpaprika

S/K/HT

Zierpaprika ist eine beliebte Winterdekoration. Die im Handel erhältlichen Pflanzen stammen zwar von *C. annuum* ab, sind aber vielfach mit anderen Arten gekreuzt worden und bieten bezüglich ihrer Früchte eine breite Palette an Formen und Farben.

Man sollte Zierpaprika keinesfalls mit dem Korallenstrauch (Solanum capsicastrum, Seite 93) verwechseln, der ebenfalls im Winter Früchte trägt.

Pflege

Zierpaprika wird fast immer weggeworfen, sobald die Früchte abfallen, da ältere Pflanzen selten hübsch aussehen und neue Pflanzen billig zu erwerben sind.

Pflanze an einem hellen Standort ziehen. Hitze oder Trockenheit vermeiden, aber auch nicht zu naß halten, da hierdurch die Früchte abfallen könnten.

Vermehrung

Durch Samen, die im Frühling ausgesät werden.

Bekannte Arten

C. annuum (Mittel- und Südamerika). Der Handel bietet Hybriden dieser Art an, die wegen ihrer dekorativen Früchte als Zierpaprika kultiviert werden. Früchte sind meist länglich und rot, bei manchen Sorten aber auch lilafarben oder gelb und kegelförmig, gebogen oder rund.

Capsicum annuum

Catharanthus

S/G/HT

Man findet die hier beschriebene Art, die als einzige ihrer Gattung im Zimmer kultiviert wird, oft noch unter ihrem alten Namen *Vinca rosea.* Sie ähnelt in ihrer Erscheinung einem Fleißigen Lieschen *(Impatiens).*

Pflege

Die Pflanze braucht viel Licht, verträgt aber keine pralle Sonne und sollte regelmäßig besprüht werden. Am besten ist es, *Catharanthus* wie eine einjährige Pflanze zu behandeln und nach der Blüte wegzuwerfen. Will man sie jedoch überwintern lassen, nimmt man am besten im Herbst Stecklinge ab.

Vermehrung

Catharanthus wird im Frühling ausgesät und möglichst bis zum Erscheinen der Blüten in einem Gewächshaus gezogen. Will man die Pflanzen überwintern lassen, nimmt man Stecklinge ab.

Bekannte Arten

C. roseus *(Vinca rosea)* (Madagaskar) mit ovalen Blättern und bis zu 3 cm breiten, stieltellerförmigen Blüten, die meistens zartrosa, manchmal aber auch blauviolett oder weiß gefärbt sind.

Catharanthus roseus

Ceropegia

Leuchterblume

S/K/T

Sukkulente Kräuter oder Halbsträucher mit herabhängenden Trieben. Als Zimmerpflanze wird nur *Ceropegia woodii* kultiviert. Sie ist eine eher interessante als schöne Pflanze, die zur gleichen Familie wie die Kranzschlinge (*Stephanotis,* Seite 95) gehört.

Pflege

Immer, besonders aber im Winter, sparsam gießen; im Sommer alle zwei Wochen düngen. Während des Winters für einen hellen Standort sorgen.

Vermehrung

Es lohnt sich nicht, Leuchterblumen aus Samen zu ziehen. Statt dessen können ältere Pflanzen geteilt oder Triebstecklinge bzw. die an den Trieben entstehenden kleinen Knollen zur Vermehrung verwendet werden.

Bekannte Arten

C. woodii (Südafrika) mit kleinen, rundlich-herzförmigen, an der Oberseite silbrig und grün gemusterten Blättern an lang herabhängenden, fadenförmigen Stengeln, die an den Knoten leicht Adventivwurzeln oder kleine Knollen bilden. Die Blüten sind klein und unscheinbar gefärbt, jedoch ungewöhnlich geformt.

Ceropegia woodii

Chamaecereus

Zwergcereus

HSt/K/T

Chamaecereus silvestrii

Nur aus einer einzigen Art, dem Zwergcereus *(Chamaecereus silvestrii)*, bestehende Gattung, von der es aber inzwischen durch Kreuzungen mit nahe verwandten Arten mehrere Hybriden gibt.

Pflege

Der Zwergcereus braucht viel Sonne, um gut zu gedeihen. Um richtig zu blühen, muß er allerdings im Winter im Kalten (unter 8° C) gehalten werden. Auch Temperaturen um den Gefrierpunkt führen zu neuem Wachstum und üppiger Blütenbildung.

Vermehrung

Triebe können wie Stecklinge eingepflanzt werden. Steht ein Gewächshaus zur Verfügung, läßt sich der Kaktus auch durch Aussaat vermehren.

Bekannte Arten
C. silvestrii (Argentinien) mit sehr weichen, meist kriechenden, fingerartig geformten Stämmen, die 8–10 mit kurzen weißen Dornen besetzte Längsrippen aufweisen. Schnell wachsende, üppig blühende Pflanze.

Chamaedorea elegans

Bergpalme

HSt/G/HT

Bergpalmen gehören zu den beliebtesten Zimmerpalmen. Sie lassen sich leicht in großem Maßstab aus Samen ziehen und können bereits 18 Monate nach der Aussaat auf den Markt gebracht werden. Dennoch ist ihr Wachstum, verglichen mit dem der meisten anderen Zimmerpflanzen, ziemlich langsam. Damit Bergpalmen beim Verkauf üppig aussehen, werden daher meistens mehrere junge Pflanzen in einen Topf gesetzt. Bergpalmen werden auch unter den Namen *Neanthe bella* oder *Collinia elegans* angeboten.

Pflege

Chamaedorea elegans braucht einen hellen Standort ohne direkte Sonneneinstrahlung und während der warmen Jahreszeit reichlich Wasser, bisweilen etwas Dünger. Im Winter nur soviel gießen, daß die Erde nicht austrocknet. Wenn nötig, im Frühjahr umpflanzen.

Bekannte Arten
C. elegans *(Neanthe bella, Collinia elegans)* (Mexiko, Guatemala). Bis zu 100 cm hohe Pflanze mit langen, gefiederten, überhängenden Blättern, gelben, mimosenähnlichen Blüten und erbsengroßen Früchten.

Chlorophytum

Grünlilie

S–HSt/K/HT–T

Es gibt Hunderte von Chlorophytum-Arten, von denen jedoch nur zwei als Topfpflanzen gezogen werden.

Pflege

Grünlilien sind zähe Pflanzen, die wenig Aufmerksamkeit brauchen, aber durch etwas Pflege wesentlich besser gedeihen. Während des Sommers sollten sie bei warmem Wetter großzügig gegossen, gelegentlich besprüht und jede Woche gedüngt werden.

Wenn die dicken, fleischigen Wurzeln die Pflanze bis zum Topfrand angehoben haben, ist es Zeit, sie in einen größeren Topf umzupflanzen.

Vermehrung

Pflänzchen, die sich an den Enden der langen, bogig herabhängenden Ausläufer einer älteren Pflanze gebildet haben, können abgeschnitten und in Töpfe gepflanzt oder zuerst eingepflanzt und später, wenn sich Wurzeln gebildet haben, von der Mutterpflanze getrennt werden.

Chlorophytum comosum 'Variegatum'

Bekannte Arten

C. capense *(C. elatum)* (Südafrika) bei der Sorte 'Mediopictum' weisen die langen schmalen Blätter einen cremefarbenen Mittelstreifen auf, bei 'Variegata' sind die Blattränder weiß gefärbt.

C. comosum (Südafrika) am weitesten verbreitet ist die Sorte 'Variegatum', deren Blätter einen weißen Mittelstreifen tragen. Pflanzen dieser Art werden manchmal als *C. capense* angeboten.

Chrysanthemum

Chrysantheme

HSt/K/HT

Chrysanthemen gehören zu den beliebtesten blühenden Topfpflanzen. Blütezeit ist normalerweise der Spätherbst oder Winterbeginn. Die Pflanzen können heute jedoch in großen Züchtereien durch spezielle Lichtprogramme jederzeit zum Blühen gebracht werden. Chemische Substanzen, die das Längenwachstum hemmen, sorgen außerdem dafür, daß die Triebe kurz bleiben und die Topfpflanzen ein buschiges Aussehen erhalten.

Kauft man eine Chrysantheme mit vielen noch geschlossenen Knospen, wird sie einige Wochen lang im Zimmer blühen. Dannach wird das Längenwachstum jedoch allmählich wieder einsetzen, weil die Wirkung des Hemmstoffes nachläßt. Man kann versuchen, solche Chrysanthemen im Garten weiterzuziehen.

Pflege

Chrysanthemen sollten in einen hellen kühlen Raum gestellt werden, im Sommer aber nicht in der Sonne stehen. Der Topfballen muß immer feucht gehalten und Verblühtes entfernt werden.

Vermehrung

Chrysanthemen-Stecklinge treiben zwar ohne weiteres Wurzeln, die anschließende Behandlung der Pflanzen ist jedoch etwas für den Fachmann.

Bekannte Arten

C.-Indicum-Hybriden in Töpfen gezogene moderne Chrysanthemen sind Hybriden, die von *C. indicum* und von anderen Arten abstammen. Dekorative Pflanzen mit gefüllten verschiedenfarbigen Blüten.

Cineraria

Cinerarie

HSt/K/HT

Cinerarie *(Senecio cruentus)*

Da diese Pflanze selten unter ihrem korrekten Namen – *Senecio cruentus* – verkauft wird, ist sie auch hier unter dem Stichwort „Cineraria“ aufgeführt.

Gehandelt werden Cinerarien-Hybriden mit weißen, roten, rosa- oder purpurfarbenen sowie hell- oder dunkelblauen Blütenkörbchen, die oft auch andersfarbige Ringe aufweisen. Es gibt viele Sortengruppen wie z.B. Stellata (bis zu 60 cm hohe Pflanzen mit schmalen Zungenblüten an sternförmigen Blütenköpfen), Grandiflora (kompaktere, meist nur 30–45 cm hohe Pflanzen mit breiten Zungenblüten an großen Blütenköpfen) und Multiflora Nana (kleinere Pflanzen, die überschüttet sind mit kleinen Blütenköpfchen).

Pflege

Wer nicht über ein eigenes Gewächshaus verfügt, um selbst Cinerarien aufzuziehen, wird sie in blühendem Zustand kaufen und nach der Blütezeit wegwerfen. Man sollte die Pflanze an einen kühlen Platz stellen, ihren Topfballen stets feucht halten und verhindern, daß sie von Blattläusen befallen wird. Zu hohe Temperaturen (über 15° C), zuviel Sonne oder zuwenig Wasser verkürzen die Blühdauer.

Vermehrung

Cinerarien können im Mai oder Juni ausgesät und im Gewächshaus aufgezogen werden. Im Haus ist dies praktisch nicht möglich.

Bekannte Arten	
Senecio cruentus *(S. cruenta)* (Kanarische Inseln) mit margeritenartigen Blütenköpfchen in vielen verschiedenen Farben.	Blütezeit: Winter oder Frühling. Kälteempfindliche Staude, die im Gewächshaus als zweijährige Pflanze gezüchtet wird.

Cissus

Klimme

HSt/G/HT–T

Der Name der Gattung kommt vom griechischen kissos (Efeu) und sagt etwas aus über die Wuchsform der meisten Arten. Die beliebteste Topfpflanze aus dieser Gattung, die Königsklimme *(C. rhombifolia)*, wurde früher (und manchmal noch heute) als *Rhoicissus rhomboidea* angeboten; sie erscheint daher unter diesem Namen auf Seite 84.

Pflege

Klimme nur mäßig gießen und während der Hauptwachstumsperiode alle 14 Tage düngen. Junge Pflanzen jedes Frühjahr umpflanzen. Kletternde Arten brauchen ein geeignetes Gerüst, an dem sie sich festhalten können. An einer Stange zusammengebunden, verlieren sie

Cissus antarctica

viel von ihrer Eleganz. Zu lange oder unschöne Triebe können im Frühling zurückgeschnitten werden. Die wunderschöne Buntblättrige Klimme *(C. discolor)* ist schwerer zu ziehen, da sie mehr Wärme und Feuchtigkeit braucht. Weil der Topfballen nicht austrocknen darf, sollte man ihn möglichst in einen Behälter mit feuchtem Torf stellen.

Vermehrung
Cissus wird durch 2,5–5 cm lange Kopfstecklinge vermehrt, die man im Frühling oder Sommer schneidet und möglichst in einem Vermehrungskasten Wurzeln schlagen läßt.

Bekannte Arten
C. antarctica Känguruhwein (Australien) Kletterpflanze mit etwa 10 cm langen, spitzeirunden, glänzend dunkelgrünen, am Rand gezähnten Blättern. Eine robuste, leicht zu ziehende Pflanze. **C. discolor** Buntblättrige Klimme (Java), Kletterpflanze mit bis zu 15 cm langen, länglich-herzförmigen Blättern, die an der Oberfläche zwischen den Adern silbrig und blaßlila gezeichnet, an der Unterseite aber purpurn gefärbt sind. Prächtigste, aber auch anspruchsvollste der hier genannten Arten, die Wärme und viel Aufmerksamkeit verlangt. Im Winter können die Blätter abfallen oder ihre Farbe verlieren.

Citrus

HSt/K/HT

Citrusbüsche und -bäume wie Zitronen, Orangen und Grapefruits sind attraktive Blattpflanzen, die sich ganz leicht aus Samen ziehen und im Zimmer halten lassen,solange sie noch klein sind. Will man aber Früchte ernten, muß man neben viel Geduld auch einen Wintergarten oder ein richtiges Gewächshaus besitzen. Es gibt jedoch eine Zwergform der Orange, die hübsche immergrüne Calamondinorange *(C. microcarpa oder C. mitis),* die sich bestens als Zimmerpflanze eignet.

Pflege
Citrus im Sommer nie austrocknen lassen und vom Frühling bis zum Herbst düngen.

Vermehrung
Citruskerne in Aussaaterde legen, leicht mit Erde bedecken und warm und feucht halten.
Hat man eine Calamondinorange, die man gern vermehren möchte, schneidet man im Frühling Stecklinge zurecht, taucht sie in Bewurzelungshormon, steckt sie dann in feuchte Erde und hält sie feucht und warm, bis sie Wurzeln getrieben haben.

Bekannte Arten
C. microcarpa Calamondinorange *(C. mitis)* (Philippinen) mit lanzettlichen, dunkelgrün glänzenden Blättern, kleinen duftenden weißen Blüten und etwa 4 cm großen orangeroten Miniaturorangen. Blüht und trägt das ganze Jahr hindurch Früchte.

Citrus microcarpa

Clivia miniata

Clivie

HSt/K/HT

Die Clivien wurden benannt nach Lady Clive, der Herzogin von Northumberland, Gouvernante Königin Viktorias. Am meisten gezogen wird das prächtig blühende Riemenblatt *(C. miniata).*

Pflege

Clivie im Frühling und Sommer mäßig gießen, in der Ruhephase (im Herbst und zu Beginn des Winters) an einen kühlen Ort stellen und nur äußerst sparsam mit Wasser versorgen.

Wenn die Blütenschäfte im Laufe des Winters eine Länge von etwa 15 cm erreicht haben, allmählich mehr gießen und auch die Temperatur erhöhen. Hiermit jedoch nicht zu früh beginnen, da sich sonst die Blüten bereits zwischen den Blättern öffnen könnten. Nach der Blütezeit Blütenschaft so tief wie möglich abschneiden. Während sich neue Blätter oder Blütenschäfte bilden, Pflanze auch durch Sprühen mit Feuchtigkeit versorgen und zwischen Februar und August alle zwei Wochen düngen.

Da sie häufigen Ortswechsel nicht verträgt, sollte die Clivie für längere Zeit an einem Platz bleiben. Nur umtopfen, wenn unbedingt nötig, da auch eine Störung des Wurzelbereichs der Pflanze nicht bekommt. Während junge Pflanzen jährlich umgepflanzt werden müssen, beschränkt man sich bei älteren Pflanzen auf einen Austausch der obersten Humusschicht. Als Substrat verwendet man lehmhaltige Pflanzerde.

Vermehrung

An der Basis einer älteren Pflanze bilden sich junge Seitensprosse, die man nach der Blühphase, wenn sie etwa vier Blätter gebildet haben, vorsichtig entfernen und in Töpfe pflanzen kann. Große Stauden sollte man allerdings nicht ohne Grund teilen, da sie recht eindrucksvoll aussehen.

Bekannte Arten
C. miniata Riemenblatt (Natal) mit kräftig ausgebildeten, dunkelgrünen, riemenförmigen Blättern, die einem grundständigen „Zwiebelstamm“ aus kräftigen Blattscheiden entspringen. Bis zu 50 cm hohe Blütenschäfte mit umfangreichen Dolden aus glockenförmigen, gelb bis orangerot gefärbten Blüten.

Clivia miniata

Cocos

Kokospalme

HSt/G/F–HT

Der korrekte Name der hier beschriebenen Pflanze lautet *Microcoelum weddelianum* (Kokospälmchen). Da sie jedoch meist unter ihrem alten Namen *Cocos (Kokospalme)* angeboten wird, ist sie auch hier unter diesem Namen geführt.

Pflege

Zum Gießen nur kalkfreies Wasser verwenden. Topferde im Sommer feucht halten, im Winter aber zwischen

Cocos weddelianum

den einzelnen Wassergaben fast austrocknen lassen. Pflanze mehrmals in der Woche mit temperiertem Wasser besprühen und im Sommer alle 14 Tage düngen.

Vermehrung
Kokospälmchen werden in der Regel aus Samen gezogen – eine langwierige Prozedur, die man besser dem Fachmann überlassen sollte.

Bekannte Arten
Microcoelum weddelianum *(Cocos weddelianum, Syagrus weddeliana)* Kokospälmchen (Südamerika) schwachwüchsige Pflanze mit bis zu 100 cm langen, glänzend dunkelgrünen Wedeln, an denen 20–30 Blattfiedern regelmäßig angeordnet sind. Ein sichtbarer Stamm bildet sich nur selten aus.

Codiaeum

Wunderstrauch

HSt/G/F–HT

In der Wildnis gibt es etwa 15, vor allem in Indonesien und Polynesien beheimatete *Codiaeum*-Arten. Als Zimmerpflanzen werden jedoch Zuchtformen unter dem Namen *Codiaeum variegatum* var. *pictum* (Croton) kultiviert.
Tatsächlich sind dies meistens Hybriden, deren wahre Herkunft kaum mehr festzustellen ist. Es sind wunderschöne Pflanzen, aber schwierig in der Pflege, mit ganz unterschiedlichen Blattformen und -farben.

Pflege
Croton sollte man nur ziehen, wenn man die nötigen Wachstumsbedingungen bieten kann: einen hellen Standort ohne direkte Sonne, ständige Wärme, hohe Luftfeuchtigkeit (bei warmem Wetter möglichst täglich be-sprühen). Vom Frühling bis zum Herbst muß der Topfballen stets feucht sein; im Winter sollte er soviel Wasser bekommen, daß er nie ganz austrocknet.
Blätter des öfteren besprühen oder einnebeln, um die Luftfeuchtigkeit zu erhöhen, und zwischen Frühling und Herbst alle 14 Tage düngen. Wenn nötig, im Frühling umtopfen.
Bei zu großen Pflanzen wird die Triebspitze abgeschnitten, um die Bildung von Seitentrieben anzuregen. Man kann die Höhe einer Pflanze aber auch durch Abmoosen reduzieren.

Vermehrung
Croton läßt sich durch Kopfstecklinge vermehren, die man im Frühling mit Bewurzelungshormon behandelt und dann im Vermehrungskasten Wurzeln treiben läßt – eine Prozedur, die im Haus nur schwer durchzuführen ist.

Codiaeum variegatum var. *pictum*

Bekannte Arten
C. variegatum var. pictum *(Codiaeum pictum)* Croton (Malaysia), sortenreiche Pflanzengruppe mit ledrigen, glänzenden, meist sehr bunt gemusterten, unterschiedlich geformten Blättern (Formen reichen von linealisch, über breit lanzettlich bis zu gelappt oder korkenzieherartig eingedreht).

Coffea

Kaffeestrauch

HSt/G/F

Der Kaffeestrauch ist mit seinen glänzenden, immergrünen Blättern und roten Beeren eine interessante und nicht unattraktive Zimmerpflanze. Um zu blühen und zu fruchten muß er jedoch ein Alter von drei bis vier Jahren erreichen.

Pflege

In der Ruhephase zwischen Oktober und Februar sollte der Kaffeestrauch nur wenig, während der warmen Monate jedoch häufiger mit weichem Wasser gegossen werden, so daß der Topfballen stets feucht aber nicht zu naß ist. Während des Sommers zudem wöchentlich düngen und die Pflanze oft besprühen. Wird der Wurzelballen zu trocken, rollen sich die Blätter zusammen.

Vermehrung

Coffea arabica läßt sich aus Samen ziehen, die man in einem beheizten Vermehrungskasten oder an einem warmen Platz im Frühling aussät (Samen eigener Zimmerpflanzen werden kaum keimen).

Junge Pflanzen lassen sich auch aus Stecklingen ziehen, die man mit Bewurzelungshormon behandelt und im Vermehrungskasten Wurzeln treiben läßt.

Oben: *Coffea arabica*

Bekannte Arten

C. arabica Kaffeestrauch (Äthiopien, Angola) mit ovalen, glänzend dunkelgrünen Blättern und kleinen weißen, sternförmigen, duftenden Blüten und zunächst grünen Früchten, die sich später erst rot, dann schwarz färben. Sträucher beginnen erst im Alter von etwa vier Jahren zu blühen und zu fruchten. Als Zimmerpflanze wird meistens die Zwergsorte 'Nana' gezogen.

Coleus

Buntnessel

HSt–S/G/F

Buntnesseln gehören mit ihren lebhaft bunt gefärbten Blättern zu den schönsten Zimmerpflanzen. Da sie jedoch so preiswert sind, schätzt man sie nicht so, wie sie es verdient hätten. Leider gedeihen sie im Zimmer wesentlich schlechter als im Gewächshaus.

Pflege

Coleus braucht so viel Licht wie möglich; pralle Mittagssonne schadet den Blättern jedoch. Die häufigsten Ursachen für Mißerfolge bei der Kultur dieser Pflanzen sind zu hartes Wasser und zu trockene Erde.

Im Sommer sollten die Blätter täglich, im Winter gele-

Coleus blumei

gentlich besprüht werden, um Austrocknen zu verhindern. Während der Wachstumsperiode muß man wöchentlich düngen.
Buntnesseln lassen sich mit viel Fürsorge überwintern; sie bekommen dabei aber leicht lange, dünne Triebe und neigen dazu, ihre Blätter abzuwerfen. Es ist daher besser, im Frühling mit neuen Pflanzen zu beginnen, die man leicht aus Samen zieht oder billig kauft.
Außer bei ein oder zwei Sorten, die sich selbst verzweigen, müssen bei Buntnesseln wiederholt Triebspitzen abgeknipst werden, damit sich die Pflanzen buschig entwickeln. Einem einseitigen Wachstum (zum Fenster hin) beugt man vor, indem man den Blumentopf täglich um ein Viertel dreht.

Vermehrung
Buntnesseln lassen sich leicht aus Samen oder Stecklingen aufziehen. Stecklinge verwendet man, wenn man die Pflanzen überwintern oder Pflanzen mit besonderer Blattzeichnung vermehren will. Da das Überwintern von *Coleus* jedoch nicht einfach ist, sollte man die Pflanzen lieber im Frühling aussäen.

Bekannte Arten

C. blumei (Java) Hybriden mit nesselförmigen, lebhaft gelb, grün, rot oder kastanienfarben gemusterten Blättern und unauffälligen weißen oder blauen Blüten.

Columnea

Columnea

HSt/G/HT–F

Prächtige Pflanzen, die als kletternde, herabhängende oder kriechende Epiphyten im feuchten Dschungel Mittelamerikas auf Bäumen leben. Werden als Zimmerpflanzen meistens in Ampeln gezogen und machen gelegentlich Schwierigkeiten, wenn sie nicht ausreichend Licht bekommen. Die schönen leuchtend gelben, orangefarbenen oder roten Blüten der meisten Arten entschädigen jedoch hinreichend für zusätzliche Mühe.

Columnea microphylla 'Grandiflora'

Pflege
Pflanzen im Sommer so gießen, daß der Wurzelballen nicht zu naß ist, weil Wurzeln und Stengel sonst faulen. Um eine hohe Luftfeuchtigkeit zu erzeugen, regelmäßig Blätter und Blüten mit temperiertem, weichem Wasser besprühen. Ist das Wasser zu kalt, können sich hierdurch häßliche braune Flecken auf den Blättern bilden.
Während der Wachstumsperiode wöchentlich düngen und verblühte Triebe zurückschneiden. Beim Umtopfen verwendet man eine Mischung aus drei Teilen Rhododendronerde und einem Teil scharfem Sand.

Vermehrung
Columnea läßt sich im Sommer durch Kopfstecklinge vermehren. Die Bewurzelung wird durch Eintauchen in ein Bewurzelungshormon und Wärme gefördert.

Bekannte Arten

C. x banksii (Kultursorten) mit herabhängenden Trieben, kleinen glänzenden, unterseits rötlichen Blättern und bis zu 7 cm langen orangeroten Blüten.
C. gloriosa (Costa Rica) mit langen, hängenden Trieben, blaßgrünen Blättern und etwa 5 cm langen, scharlachroten Blüten, mit einem gelben Fleck im Schlund. Die Sorte 'Purpurea' hat purpurn angehauchte Blätter.
C. microphylla (Costa Rica) mit dünnen, lang herabhängenden Trieben, nahezu runden Blättern und bis zu 5 cm langen orangeroten Blüten. Die Triebe sind dicht mit bräunlichroten Haaren besetzt.

Cordyline

Keulenlilie

S–HSt/G/HT

Einige Keulenlilien, insbesondere die Sorten von *C. fruticosa,* sind beliebte aber etwas schwierige Blattpflanzen. *C. australis* hingegen ist robuster und kann in milden Gegenden draußen sogar bis zu Baumgröße heranwachsen.

Cordyline fruticosa

Pflege

Die Pflege hängt von der Sorte ab. *C. fruticosa* braucht im Winter eine Mindesttemperatur von 13–18° C, viel Licht (keine direkte Sonne !) und feuchte Luft (durch regelmäßiges Sprühen). *C. australis* und *C. stricta* sind widerstandsfähiger; sie können den Sommer im Freien in voller Sonne verbringen und auch niedrigere Temperaturen ertragen. Außerdem müssen sie nicht regelmäßig besprüht werden. In der Hauptwachstumszeit sollte reichlich gegossen werden, im Winter nur soviel, daß die Erde nicht austrocknet.

Vermehrung

Keulenlilien lassen sich sowohl durch Seitensprosse als auch durch Stecklinge vermehren.

Bekannte Arten

C. australis *(Dracaena australis)* (Australien, Neuseeland), eine langsam wachsende, palmenartige Pflanze mit schmalen, bis zu einem Meter langen, in einer Spitze endenden Blättern.
C. fruticosa *(C. terminalis, Dracaena terminalis)* (Südostasien) mit lanzettlichen Blättern, die bei den angebotenen Sorten meist rote oder gelbe Streifen aufweisen. 'Red Edge' ist eine beliebte Sorte mit schmaleren, an den Rändern rot gefärbten Blättern.

Crassula

Dickblatt

S/K/T

Zur Gattung Dickblatt gehören rund 300 Sukkulenten verschiedenster Form, von denen einige gute Zimmerpflanzen sind. Das lateinische Wort *crassus*, von dem der Name abgeleitet ist, bedeutet dick oder stabil und bezieht sich auf die wasserspeichernden Blätter und Sprosse. Sie machen *Crassula*-Arten zu idealen Hausgenossen für Leute, die gern das Gießen vergessen.

Pflege

Dickblatt braucht keine hohen Temperaturen; es kann im Winter in einem kühlen Raum stehen und den Sommer im Freien verbringen. *Crassula* immer nur sparsam

Crassula arborescens

gießen und während des Sommers einmal monatlich düngen.
Umgetopft wird, wenn nötig, im Frühling. Man nimmt hierzu eine torfhaltige Pflanzerde, die mit scharfkantigem Sand vermischt wird.

Vermehrung
Viele *Crassula*-Arten lassen sich durch Blätter vermehren, da diese bereitwillig Wurzeln treiben. Das gleiche gilt für Kopfstecklinge.

Bekannte Arten

C. arborescens (Kapland) mit einem dicken, gedrungenen, baumartig verzweigten Stamm, dickfleischigen, rundlich-ovalen, an ihren Rändern oft rötlich gefärbten Blättern und zahlreichen, sehr kleinen, sternförmigen Blüten, die sich jedoch kaum in Zimmerkultur bilden. Die Pflanze erreicht in ihrer Heimat eine Höhe von bis zu 3 m; im Zimmer etwa 1,2 m.

C. lycopodioides (Südafrika) mit schlanken Trieben, die mit Reihen von winzigen, dachziegelartig überlappenden, schuppenförmigen Blättern bedeckt sind.

C. obliqua *(C. argentea)* Geld- oder Judasbaum (Südafrika), gleicht *C. arborescens*, besitzt jedoch rundere Blätter und rosafarbene Blüten.

Crocus

Krokus
S–HSt/K/HT

Krokusse sind als Frühjahrsblüher wohlbekannt. Sie sprießen aus kleinen, zwiebelartigen Knollen, die man im Herbst auch in Töpfe setzen kann. Ihre Aufzucht im Haus ist allerdings nicht so einfach.

Pflege
Krokusse im Oktober zu sechst oder acht in eine flache Schale mit Erde pflanzen und an einen kühlen, dunklen Ort stellen. Darauf achten, daß die Erde immer feucht, aber nicht naß ist.
Pflanzschale im Januar in einen kühlen, aber hellen Raum bringen und schließlich, wenn bereits ein Drittel der Blütenknospe zu sehen ist, auf die Fensterbank stellen, wo die Krokusse später blühen sollen. Bringt man die Pflanzen zu früh in einen beheizten Raum, so entwickeln sich die Blüten nicht richtig.

Vermehrung
Im Umkreis älterer Knollen findet man beim Umpflanzen meist auch eine Anzahl kleiner Knöllchen, die man nur zu entfernen und separat einzupflanzen braucht. Bis sie allerdings blühen, dauert es einige Jahre. Da man die kleinen Pflänzchen nicht im Haus aufziehen kann, gilt dieser Rat nur für Gartenbesitzer.

Bekannte Arten

C. neapolitanus *(C. vernus)* (europäische Gebirge, insbesondere Alpen), Stammform vieler Kultursorten, insbesondere der großblütigen holländischen Hybriden („Holländische Krokusse") mit weißen, gelben, hell- und dunkelvioletten Blüten.

Crocus 'Pickwick'

Crossandra

Crossandra

HSt/G/F

Crossandra ist zwar nicht leicht zu ziehen, da sie außer Wärme auch eine hohe Luftfeuchtigkeit braucht, aber sie erfreut sich in den letzten Jahren zunehmender Beliebtheit, da ihre Blüten sehr haltbar sind.

Pflege

Topferde immer feucht halten, im Winter jedoch weniger gießen und darauf achten, daß sich keine Staunässe bildet. Blätter täglich mit temperiertem Wasser besprühen und immer für eine feuchte Atmosphäre sorgen. Während der Wachstumsphase wöchentlich düngen. Verblühtes abschneiden, um die Blühdauer zu verlängern. Nach der Blütezeit sollte man alte Pflanzen lieber wegwerfen und durch junge, aus Stecklingen gezogene Pflanzen ersetzen. Kommerzielle Züchtereien ziehen *Crossandra* allerdings aus Samen.

Vermehrung

Junge Pflanzen aus Samen zu ziehen, erfordert eine professionelle Ausstattung. Im Haus sollte man *Crossandra* daher durch Stecklinge vermehren, die man im Frühsommer von älteren Pflanzen abschneidet und mit Bewurzelungshormon behandelt.

Bekannte Arten
C. infundibuliformis *(C. undulifolia)* (Ostindien) mit etwa 10 cm langen, lanzettlichen, glänzenden grünen Blättern, die einen schönen Kontrast bilden zu den in langen Ähren stehenden, lachsrosa bis orangeroten Blüten.

Crossandra infundibuliformis

Cryptanthus

Erdstern

S/G/HT

Gattung der Bromelien, deren Arten meist sehr schöne längs- oder quergestreifte Blätter in niedrigen, flach ausgebreiteten Rosetten besitzen. Als Zimmerpflanzen relativ anspruchslos.

Pflege

Da Licht die Blattfärbung beeinflußt, sind Pflanzen, die in schwachem Licht wachsen, manchmal nur grün, während sie sich unter guten Lichtbedingungen leicht rosa färben.

Cryptanthus im Sommer großzügig gießen, einmal

Cryptanthus

monatlich düngen und hin und wieder besprühen; im Winter darauf achten, daß der Topfballen feucht bleibt. Da nur ein kleiner, flacher Wurzelballen vorhanden ist, muß die Pflanze nur selten umgetopft werden. Sie wirkt am besten in einer flachen Schale oder auf einem Epiphytenstamm (*siehe* Seite 104).

Vermehrung
An der Basis älterer Pflanzen bilden sich kleine Seitensprosse, die oft nach einiger Zeit von selbst abfallen oder abgenommen und dann eingepflanzt werden können.

Bekannte Arten

C. acaulis (Brasilien) mit kleiner, etwa 7,5 cm hoher Rosette. Verschiedene Sorten mit längsgestreiften Blättern.
C. beuckeri (Brasilien) mit Rosetten aus weiß gemusterten und rosa angehauchten, grünen Blättern.
C. bivittatus (Brasilien) mit einer 7,5 cm hohen Rosette aus hell- und dunkelgrün gestreiften Blättern, die manchmal leicht rosa gefärbt sind.
C. bromelioides (Brasilien) mit einer bis zu 30 cm hohen Rosette. Die Sorte 'Tricolor' hat kleinere, grün, rot, rosa und cremefarben gestreifte Blätter.
C. zonatus (Brasilien) mit einer Rosette aus gewellten, bis zu 20 cm langen, unregelmäßig gebänderten Blättern.

Ctenanthe

Ctenanthe
HSt/G/F

Zu dieser Gattung gehören etwa 20 Wildarten, die in den tropischen Regenwäldern Südamerikas (hauptsächlich in Brasilien) heimisch sind. Leider ist es schwierig, sie über längere Zeit im Haus zu ziehen.

Pflege
Ctenanthe wächst am besten zwischen anderen Pflanzen, da dort die Luftfeuchtigkeit höher ist. Für eine schöne Ausprägung des Blattmusters ist helles Licht erforderlich. Die Pflanze verträgt jedoch keine direkte Sonne. Damit die Erde nicht zu naß wird, erst gießen, wenn der Topfballen trocken zu werden beginnt.
Während der Wachstumsperiode alle 14 Tage düngen.

Vermehrung
Große Pflanzen können beim Umtopfen im Frühling geteilt werden.

Bekannte Arten

C. oppenheimiana *(Maranta oppenheimiana)* (Brasilien) mit lanzettlichen, ledrigen, bis zu 38 cm langen und 10 cm breiten, auf der Unterseite purpurrot gefärbten Blättern, deren dunkelgrüne Oberseite zum Teil von silbrigen Streifen bedeckt ist.
Die Sorte 'Variegata' ist kräftiger gezeichnet.

Ctenanthe oppenheimiana

Cuphea ignea

Zigarettenblümchen

HSt–S/K/HT

Von den rund 250 in Nord- und Südamerika beheimateten Arten der Gattung *Cuphea* (Köcherblümchen) wird nur eine als Zimmerpflanze gezogen.

Pflege

Zigarettenblümchen können im Sommer ins Freie gestellt werden. Behält man sie jedoch im Zimmer an einem Fenster, sollten sie vor intensiver Mittagssonne geschützt werden, da sonst die Blätter Schaden erleiden können. Pflanze im Sommer großzügig gießen und einmal wöchentlich düngen. Im Winter sollte nicht gedüngt und nur sparsam gegossen werden.
Im Frühjahr werden lange dünne Triebe zurückgeschnitten, um das buschige Aussehen der Pflanze zu bewahren. Besser ist es jedoch, jährlich neue Pflanzen aufzuziehen und die alten wegzuwerfen.

Vermehrung

Im Gewächshaus läßt sich *Cuphea ignea* aus Samen ziehen. Im Haus vermehrt man die Pflanze lieber durch Stecklinge, die man im Frühling oder Herbst Wurzeln treiben läßt. Bei den jungen Pflanzen müssen wiederholt die Triebspitzen abgeknipst werden, damit sich ein buschiger Habitus entwickelt.

Bekannte Arten	
C. ignea Zigarettenblümchen (Mexiko) mit vielen bis zu 5 cm langen, lanzettlichen, grünen Blättern und Blüten	mit leuchtendrotem, röhrenförmigem, an der Spitze schwarz und weiß gefärbtem Kelch.

Cuphea ignea

Cycas

Palmfarn

HSt/G/HT

Zur Gattung *Cycas* gehören urtümliche, palmenartig aussehende Gewächse, die bereits im Karbon (vor etwa 300 Mill. Jahren) existierten.
Junge Palmfarne sind etwa 60 cm hoch und besitzen in einer lockeren Rosette angeordnete, ziemlich steife, gefiederte Wedel mit schmal-linealischen Fiederblättern. Sie eignen sich als Zimmerpflanzen, da sie recht langsam wachsen.
Das Stammark von *Cycas revoluta* enthält Stärke („falscher Sago"), die in der Heimat der Pflanze auch für

Cycas revoluta

Speisezwecke verwendet wird. Da Palmfarn jedoch zu langsam wächst, hat er als Stärkequelle nie wirtschaftliche Bedeutung erlangt.

Pflege
Palmfarn sollte im Sommer am besten diffuses, im Winter aber volles Licht bekommen. Pflanzen gelegentlich mit lauwarmem, weichem Wasser besprühen und im Sommer wöchentlich düngen. Jungpflanzen jedes Frühjahr umtopfen; bei älteren Pflanzen nur die oberste Schicht des Topfballens gegen neue Erde austauschen.

Vermehrung
Palmfarne lassen sich vom Laien kaum vermehren, da hierzu außer guten Keimbedingungen auch frische Samen vorhanden sein müssen. Die Keimung und Aufzucht von Jungpflanzen ist zudem sehr langwierig.

Bekannte Arten
C. revoluta Palmfarn (China) mit rosettenförmig angeordneten, steifen, nach außen gebogenen, palmenähnlichen Wedeln, die bei Jungpflanzen ca. 30 cm, bei alten Pflanzen jedoch bis zu 180 cm lang werden können und einem geschuppten Stamm entspringen.

Cyclamen

Alpenveilchen

HSt/K–G/HT

Cyclamen persicum

Diese unverwechselbare Gattung umfaßt 15 Arten, die im Mittelmeerraum sowie Kleinasien und im Iran beheimatet sind. Einige davon sind winterhart und für den Steingarten geeignet; als Zimmerpflanzen werden jedoch Abkömmlinge der frostempfindlichen Art *C. persicum* kultiviert.

Pflege
Die meisten Alpenveilchen werden in blühendem Zustand gekauft. Um die Blühdauer zu verlängern, sollte man die Pflanzen möglichst kühl (13–16° C), feucht und hell, aber nicht in direkter Sonne halten. Beim Gießen Knollen nicht befeuchten; gelbe Blätter und Verblühtes entfernen.
Will man die Pflanze aufheben, so gießt man nach der Blütezeit weniger und stellt den Topf während des Sommers an einen kühlen schattigen Ort im Freien. Knolle im August umpflanzen und durch Gießen und wöchentliches Düngen zu erneutem Wachstum und Blütenbildung anregen.

Vermehrung
Alpenveilchen werden durch Samen vermehrt. Die Aussaat erfolgt für gewöhnlich im August oder Februar. Am besten entwickeln sich die Pflanzen, wenn sie bis zur Blüte in einem Gewächshaus gehalten werden. Steht dies nicht zur Verfügung, läßt man die Samen in einem Vermehrungskasten keimen, was aber einen Monat oder länger dauern kann.

Bekannte Arten
C. persicum Alpenveilchen (Mittelmeergebiet) mit ovalen bis herzförmigen, meist silbrig marmorierten Blättern und darüberstehenden duftenden weißen, rosa- oder purpurfarbenen Blüten mit zurückgeschlagenen Blütenzipfeln. Hybriden besitzen größere, nicht duftende Blüten in verschiedenen Formen.

Cyperus

Zypergras

HSt–Sch/G/HT

Überwiegend aus Sumpfpflanzen bestehende Pflanzengattung mit 550 binsenähnlichen Arten, zu denen auch der berühmte Papyrus gehört.
Als Zimmerpflanzen werden zwei Arten kultiviert, die sich besonders für all diejenigen eignen, die Topfpflanzen oft zu stark gießen.

Pflege

Zypergras fühlt sich am wohlsten, wenn es im Wasser steht; die Erde darf daher nie austrocknen. Von April bis Oktober sollte wöchentlich gedüngt und jedes Frühjahr umgetopft werden.

Vermehrung

Am einfachsten und schnellsten läßt sich *Cyperus* vermehren, indem man eine Pflanze beim Umtopfen teilt.

Bekannte Arten	
C. alternifolius (Afrika) bildet dichte Büschel 60–75 cm hoher Stengel, an deren Enden jeweils ein schirmförmig ausgebreiteter Schopf von Hochblättern sitzt.	**C. diffusus** (Australien) ähnelt *C. alternifolius,* wird jedoch nur 50 cm hoch und hat breitere Blätter.

Cyperus alternifolius

Cyrtomium

Sichelfarn

HSt–Sch/G/HT

Die einzige Art dieser Gattung, die als Zimmerpflanze verbreitet ist, ist *Cyrtomium falcatum*; ein Farn, der eine rauchige Atmosphäre und Trockenheit wesentlich besser erträgt als die meisten anderen Farne. Ungewöhnlich sind die langen, glänzend dunkelgrünen Wedel.

Pflege

Cyrtomium verträgt keinen heißen, trockenen Standort, kommt jedoch mit einer geringen Luftfeuchtigkeit aus.

Cyrtomium falcatum

Trotzdem sollte die Pflanze im Sommer zweimal, im Winter einmal wöchentlich besprüht und so gegossen werden, daß der Topfballen nie austrocknet. Jede Woche düngen, jedes Frühjahr umtopfen.

Vermehrung
Cyrtomium läßt sich am einfachsten durch Teilung vermehren. Seine Aufzucht aus Sporen ist langwierig.

Bekannte Arten

C. falcatum *(Polystichum falcatum)* (China, Japan, Himalaja-Gebiet) mit dunkelgrün glänzenden, gefiederten Wedeln, deren Fiederblätter bei der Sorte 'Rochfordianum' besonders groß sind. Eine zuverlässige und attraktive Zimmerpflanze.

Dieffenbachia

Dieffenbachie

HSt/W/F–HT

Zu den beliebtesten Blattschmuckpflanzen gehören auch einige *Dieffenbachia*-Arten, obwohl sie gar nicht so leicht zu ziehen und sogar giftig sind. Der Saft kann nämlich in Mund und Hals so starke Schwellungen und Schmerzen hervorrufen, daß das Vergiftungsopfer nicht mehr sprechen bzw. durch Atemnot sogar in Lebensgefahr geraten kann. Dennoch werden Millionen von Dieffenbachien ohne Probleme gezogen. Wenn man jedoch ein Kleinkind oder ein Haustier hat, sollte man lieber auf die Pflanze verzichten. Ansonsten genügt es, die Hände zu waschen und darauf zu achten, daß der Pflanzensaft nicht in den Mund gerät, wenn man ein Blatt entfernt oder einen Steckling abgeschnitten hat.

Pflege
Dieffenbachien bevorzugen einen hellen, aber nicht sonnigen Standort und hohe Luftfeuchtigkeit. Daher sollten sie vom Frühjahr an mit temperiertem, weichem Wasser großzügig gegossen und regelmäßig besprüht werden. Zwischen Oktober und Februar wird weniger gegossen, aber ab und zu gesprüht. Ein gelegentlicher sanfter, lauwarmer „Regen“ tut der Pflanze ausgesprochen gut. Dieffenbachien im Sommer wöchentlich düngen und im Frühjahr umtopfen.
Trotz sorgfältiger Pflege kann es jedoch sein, daß eine im Zimmer gehaltene Pflanze mit der Zeit die unteren Blätter verliert.

Vermehrung
Wenn die Pflanze zu lang geworden ist, schneidet man den Stengel 10 cm über der Erde ab, damit sich an der Basis Tochterpflanzen bilden, die dann als Stecklinge genutzt werden können. Auch lassen sich Teile des abgeschnittenen Stamms als Blattknospenstecklinge verwenden. Will man aber lediglich anstatt einer unansehnlich gewordenen alten Blattpflanze eine schöne verjüngte Pflanze haben, so kann man es auch mit Abmoosen versuchen.

Bekannte Arten

D. amoena (tropisches Amerika) mit großen (bei ausgewachsenen Pflanzen bis zu 60 cm langen), länglich-elliptischen, dunkelgrünen Blättern, die entlang der Blattadern cremeweiß marmoriert sind. Der dicke Stengel kann sich zu einem kleinen „Stamm“ entwickeln. Es gibt verschiedene Sorten, beispielsweise 'Tropic Snow' (mit kräftigem weißen Muster).
D. x bausei Kulturform, deren gelblich-grüne Blätter mit dunkelgrünen Flecken und vielen kleinen weißen Punkten gezeichnet sind.
D. bowmannii (Japan) mit bis zu 75 cm langen, ovalen, tiefgrünen, hell gefleckten Blättern. Auch Sorten mit kräftiger weißer Musterung.
D. maculata *(D. picta)* (Brasilien, Kolumbien) mit breitovalen, vorn zugespitzten, etwa 30 cm langen, unregelmäßig dunkelgrün und cremefarben gemusterten Blättern. Beliebteste Art, von der es Sorten mit elfenbeinfarbig oder silbern sowie hell- oder dunkelgrün gemusterten Blättern gibt.

Dieffenbachia maculata

Dionaea

Venusfliegenfalle

Sch/K/F

Kaum jemand wird diese außergewöhnliche Pflanze zur Zimmerdekoration halten. Sie ist vielmehr ein faszinierendes Beobachtungsobjekt, das blitzschnell reagieren kann. Läßt sich nämlich ein ahnungsloses Insekt auf einem der mit langen Borsten ausgestatteten Fangblätter nieder, so schließt sich dieses und verdaut anschließend das gefangene Opfer.
Die Gattung *Dionaea* besteht lediglich aus einer Art *(D. muscipula),* die nur in Carolina (USA) wild vorkommt.

Pflege

Die Venusfliegenfalle muß viel gegossen werden, da die Erde auch im Winter nie austrocknen darf. Um eine genügend feuchte Atmosphäre zu schaffen, sollte man die Pflanze neben einen Luftbefeuchter stellen, denn auch tägliches Besprühen sorgt nicht für ausreichende Luftfeuchtigkeit.
Es sollte nicht gedüngt werden, da *Dionaea* wichtige Nährstoffe (vor allem Stickstoff) aus den von ihr eingefangenen Insekten bezieht.
Zum Umtopfen verwendet man eine Mischung aus Torf, *Sphagnum*-Moos und etwas Erde.

Vermehrung

Dionaea läßt sich am besten durch Teilung einer Pflanze im Frühling vermehren.

Dionaea muscipula

Bekannte Arten

D. muscipula (USA), rosettenbildende, carnivore (fleischfressende) Pflanze, deren außergewöhnliche Blätter aus zwei mit Berührungshaaren und Verdauungsdrüsen besetzten Hälften bestehen, die auf einen Berührungsreiz hin wie eine Falle zusammenklappen und das gefangene Opfer mit Hilfe der langen, borstenartigen Fortsätze der Blattränder festhalten.

Dracaena

Drazäne

Hst/G/F/HT

Zu dieser Gattung gehört eine Gruppe überaus wichtiger Zimmerpflanzen mit auffallend kräftigen, „architektonischen“ Formen, die sich mit etwas Fürsorge durchaus über längere Zeit im Haus ziehen lassen.

Pflege

Bei *Dracaena* sollte der Topfballen nie austrocknen; daher im Sommer großzügig gießen und im Winter ebenfalls für die nötige Feuchtigkeit sorgen. *D. godseffiana* erträgt trockene Luft; die anderen unten genannten Arten müssen jedoch regelmäßig besprüht werden.

Dracaena godseffiana

Pflanzen im Sommer alle zwei Wochen düngen. Im Winter nie nachts an einem kalten Fenster stehen lassen. Wenn nötig, wird im Frühling umgetopft. Blütenansätze sollten sofort entfernt werden.

Vermehrung

Im Frühling oder Sommer 5–7,5 cm lange Stecklinge schneiden und zur besseren Bewurzelung in ein Bewurzelungshormon tauchen. Anschließend am besten in einen Vermehrungskasten setzen, da dort für die nötige Luftfeuchtigkeit und Wärme gesorgt ist.

Stammstücke mit mehreren Wachstumsknospen können als Blattknospenstecklinge verwendet werden.

Will man lediglich eine Pflanze mit einem zu langen Stamm verjüngen, so kann man den oberen Teil des Sprosses abmoosen und wieder einpflanzen.

Stecklinge von Pflanzen mit gemusterten Blättern können zunächst grüne Blätter treiben; später folgen jedoch gemusterte Blätter.

Bekannte Arten

D. deremensis (tropisches Afrika) bildet ein Schopf breiter, lang herabhängender, dunkelgrüner Blätter mit silberfarbenen Längsstreifen. Verschiedene Sorten mit unterschiedlicher Musterung; beliebt ist 'Warneckii' mit zwei hellen Streifen auf den Blättern.

D. fragrans (Guinea, Westafrika) mit längeren und breiteren Blättern als *D. deremensis.* Auch hier gibt es eine Anzahl von Sorten, vorwiegend mit gelblichen Längsstreifen.

D. godseffiana (Kongo) wächst buschig verzweigt, besitzt lanzettliche, elfenbeinfarbig gepunktete Blätter und ähnelt im Aussehen eher *Hypoestes* (*siehe* Seite 56).

D. marginata *(Cordyline marginata)* (Madagaskar) mit meist geradem, kahlem Stamm, an dessen Spitze ein Schopf aus schmalen, bunt gestreiften Blättern sitzt. Bei der Sorte 'Tricolor' sind die Längsstreifen der Blätter rot, elfenbeinfarben und grün gefärbt.

D. sanderiana (Kongo) mit breiteren, dunkelgrünen, am Rand silbrig-weißgestreiften Blättern.

Echinocactus

Kugelkaktus

S/K/T

Echinocactus grusonii

Der Gattungsname ist abgeleitet vom griechischen *echinos* (Igel); ein Vergleich der sowohl wegen der Stacheln als auch wegen der runden Form des Kaktus naheliegt.

Pflege

Der Kugelkaktus braucht viel Licht. Während des Sommers sollte er normal gegossen und gelegentlich gedüngt werden; während des Winters hält man ihn trocken und kühl.

Umgetopft wird in Kaktuserde oder eine Pflanzerde auf Lehmbasis. Dabei ist jedoch Vorsicht geboten, da die Wurzeln leicht brechen.

Vermehrung

Kakteenliebhaber ziehen Kugelkakteen aus Samen; man sollte hierfür jedoch ein Gewächshaus haben.

Bekannte Arten

E. grusonii Goldkugelkaktus (Mexiko) mit kugelförmigem, im Alter eher zylindrischem, dunkelgrünem Sproß, der in viele, mit goldgelben Dornen besetzte Rippen unterteilt ist. Die gelben Blüten bilden sich selten in Zimmerkultur.

E. ingens (Mexiko) mit zylindrischem, blaugrauem Sproß, der in zahlreiche, mit Dornen besetzte Rippen unterteilt ist und einen wolligen Schopf trägt. Zu dieser Art gehören etliche Sorten, die manchmal als eigenständige Arten aufgeführt werden.

Epiphyllum

Blattkaktus

HSt/K/HT

Zur Gattung *Epiphyllum* gehören etwa 20 Arten, die insbesondere in Mexiko, aber auch in Mittel- und Südamerika beheimatet sind. Die Pflanzen, die heute gezogen werden, sind allerdings fast immer Hybriden aus vielerlei Arten. In der Wildnis wachsen Blattkakteen als Epiphyten. Im Haus sind sie eher unelegante Pflanzen, deren riesige Blüten jedoch so prächtig sind, daß sie reichlich für das wenig attraktive Äußere der restlichen Pflanze entschädigen.

Pflege

Blattkakteen gedeihen im Sommer am besten draußen, an einem geschützten Platz ohne direkte Sonne. Sie werden am Ende des Sommers ins Haus geholt und über die kalte Jahreszeit an einem kühlen Ort aufbewahrt. Die Erde darf dabei nie ganz austrocknen.

Sobald sich Knospen zeigen, sollte reichlich gegossen und auch gedüngt werden. Pflanzen in diesem Stadium nicht drehen oder versetzen, da sonst die Knospen abfallen. Vom Wachstumsbeginn bis nach der Blüte braucht *Epiphyllum* eine hohe Luftfeuchtigkeit.

Umgepflanzt wird nur, wenn dies wirklich nötig ist.

Vermehrung

Stecklinge treiben ohne Schwierigkeiten Wurzeln. Man schneidet hierfür Triebe in etwa 10 cm lange Stücke, läßt diese ein bis zwei Tage trocknen und steckt sie dann in Erde. Wurzeln können sich auch an herabhängenden Trieben bilden, die die Erde berühren oder spontan an Sproßgliedern entstehen, wenn die Luftfeuchtigkeit hoch genug ist.

Bekannte Arten

Epiphyllum-Hybriden Die heute kultivierten Blattkakteen sind durch Züchtung entstanden und haben flache (bisweilen im Querschnitt auch dreieckige), blattartige, am Rande stark gekerbte Triebe sowie gelbe, weiße oder rote Blüten mit einem Durchmesser zwischen 10 und 15 cm.

Erica

Glockenheide

HSt/K/HT

Heidekraut ist eine allgemein bekannte und beliebte Gartenpflanze; Glockenheiden, die als Zimmerpflanzen gezogen werden, sind dagegen nicht winterhart. Man kann sie auch kaum ein weiteres Jahr zum Blühen bringen, da sie nach der Vorbehandlung, die ihnen Züchter angedeihen lassen, um zu Weihnachten Blüten zu treiben, meist recht schnell unansehnlich werden.

Pflege

Glockenheide wird meist zur Weihnachtszeit in blühen-

Erica hiemalis

dem Zustand gekauft. Damit sie recht lange blüht, sollte sie an einem hellen, kühlen Ort gehalten werden. Will man die Pflanze nach der Blüte noch weiterziehen, empfiehlt es sich, sie in eine kalkfreie Pflanzerde umzutopfen und im Sommer ins Freie zu stellen. Sie muß immer gut mit weichem Wasser gegossen und von Mai bis Juli alle vierzehn Tage gedüngt werden. Vor dem ersten Frost kommt die Glockenheide ins Haus.

Vermehrung

Die Chancen, eine einigermaßen ansehnliche Pflanze aus einem Steckling zu ziehen, stehen nicht gut; es sei denn, man besäße ein Gewächshaus, in dem die Pflanzen ein oder zwei Jahre wachsen können. Stecklinge schneidet man im August.

Bekannte Arten

E. gracilis (Südafrika) kleiner, um die 40 cm hoher Strauch mit nadelförmigen Blättern und kleinen, typisch urnenförmigen, im Herbst und Winter erscheinenden, rosaroten Blüten.

E. hiemalis ähnlich wie *E. gracilis,* mit röhrenförmigen, für gewöhnlich weißen, am Grunde roten, bis 2 cm langen Blüten. Hybriden in Lachsrosa, Rosarot und Weiß.

Euonymus

Spindelstrauch

HSt–S/K/HT–T

Die als Topfpflanzen gezogenen strauchförmigen *Euonymus*-Arten sind in den meisten Regionen winterhart. Man kann daher versuchen, sie ins Freie auszupflanzen, wenn sie zu groß geworden sind.

Pflege

Für eine schöne Blattmusterung und einen kräftigen Wuchs ist gutes Licht unbedingt erforderlich. Im Frühjahr werden lange Triebe zurückgeschnitten, damit die kleinen Sträucher ihre buschige Form behalten. *Euonymus* kann im Sommer draußen z.B. in einem Innenhof stehen und sollte in dieser Zeit alle vierzehn Tage gedüngt werden.

Vermehrung

Stecklinge, die man im Frühling oder Sommer schneidet, treiben leicht Wurzeln, sollten aber trotzdem mit einem Bewurzelungshormon behandelt werden.

Bekannte Arten

E. japonicus (Japan) aufrecht wachsender Strauch mit ovalen, glänzenden, ledrigen, 2,5–5 cm langen, dunkelgrünen Blättern. Als Topfpflanzen werden in der Regel Sorten mit panaschierten Blättern gezogen, wie z.B. 'Ovatus Aureus' (mit gelbgeränderten Blättern) und 'Microphyllus' (mit halb so großen, meist weiß gemusterten Blättern).

Euonymus japonicus 'Ovatus Aureus'

Euphorbia

Wolfsmilch

HSt/G/F

Von den rund 2000 Wolfsmilch-Arten wird, außer einigen wenig verbreiteten sukkulenten Formen, vor allem die Art *E. pulcherrima* als Topfpflanze gezogen. Der überaus beliebte Weihnachtsstern wird nach der Blüte jedoch meistens weggeworfen, da er kaum je ein zweites Mal in voller Schönheit blüht. Kommerzielle Züchter lassen den Pflanzen eine komplizierte Vorbehandlung angedeihen. Ein Lichtprogramm (künstliches Licht zu Beginn der Vegetationsperiode, um die nächtliche Dunkelphase zu unterbrechen, dann durch künstliche Dunkelphasen allmählich verkürzte Tage) wird begleitet von einem speziellen Temperaturprogramm und einer Behandlung mit Wachstumsinhibitoren. Letztere dienen dazu, die Triebe kurz zu halten, um der Pflanze ein buschiges Aussehen zu verleihen.

Pflege
Blühende Weihnachtssterne sollten bei gleichbleibender Temperatur gehalten und regelmäßig besprüht werden. Der dekorative Schauapparat der Pflanzen besteht übrigens nicht aus Blüten-, sondern aus meist rot gefärbten Hochblättern, die die unscheinbaren Blüten umgeben. Will man die Pflanze nach der Blütezeit behalten, so schneidet man die Triebe zur Hälfte zurück, behandelt die Schnittflächen mit Holzkohlepuder und topft dann um. Gedüngt wird vom Ende des Sommers, bis sich die ersten Blütenknospen zeigen. Blüten bilden sich jedoch erst, wenn die Tageslänge weniger als 10 Stunden beträgt (die Dunkelphase darf keinesfalls durch Licht unterbrochen werden !).

Vermehrung
Im Frühling oder Sommer können Stecklinge geschnitten werden. Die Schnittstellen werden mit Holzkohlepuder oder einem Bewurzelungspulver behandelt, um den Austritt von Milchsaft zu stoppen. Im Frühling geschnittene Stecklinge sollten in einem Vermehrungskasten Wurzeln treiben.

Bekannte Arten
E. pulcherrima Weihnachtsstern (Mexiko) ist so bekannt, daß man ihn nicht beschreiben muß. Die roten Brakteen können auch rosa oder grünlich weiß gefärbt sein.

Exacum

Blaues Lieschen

HSt/(G)/HT

Von dieser Gattung wird einzig *E. affine,* das hübsche, reichblühende Blaue Lieschen, als Zimmerpflanze gezogen. Es blüht den ganzen Herbst hindurch bis in den Winter und wird, obwohl mehrjährig, meist nach der Blüte weggeworfen. Beim Kauf sollte man eine Pflanze mit noch vielen geschlossenen Blütenknospen wählen, da diese meistens mehrere Monate lang blüht.

Pflege
Ein blühendes Blaues Lieschen ist leicht zu pflegen.

Exacum affine

Man sollte lediglich darauf achten, daß die Pflanze nie austrocknet und keiner direkten Sonnenstrahlung ausgesetzt wird, da dies den Blättern schadet. Verwelkte Blüten müssen regelmäßig entfernt werden, was die Blühdauer verlängert. Um einen regelmäßigen Wuchs zu fördern, dreht man den Topf täglich ein wenig.

Vermehrung
Das *E. affine* läßt sich im Gewächshaus leicht aus Samen ziehen. Es wird jedoch unansehnlich, wenn es nur im Zimmer gehalten wird. Am besten sät man Exacum im Frühjahr aus und pflanzt dann mehrere Pflänzchen zusammen in einen Topf. Die Triebspitzen sollten mehrmals abgeknipst werden, damit sie sich buschig verzweigen.

Bekannte Arten
E. affine (Sokotra) buschige Pflanze mit kleinen, eiförmigen, glänzend olivgrünen Blättern sowie kleinen duftenden, blaulila Blüten mit auffallenden, goldgelben Staubbeuteln. Es gibt auch Sorten mit hellblauen, dunkellila oder weißen Blüten.

x Fatshedera

Efeuaralie
HSt/K/HT

Die Efeuaralie ist das Ergebnis einer der seltenen Kreuzungen zwischen Arten zweier verschiedener Gattungen, nämlich *Fatsia japonica,* der Zimmeraralie (*siehe* Seite 46) und *Hedera helix* 'Hibernica', einer Efeu-Art (*siehe* Seite 52). Sie entstand 1912 in der Pflanzenzüchterei Lizé Frères (Nantes) und vereint in sich einige der besten Eigenschaften beider Elternpflanzen.

Pflege
Efeuaralien vom Frühling bis zum Herbst regelmäßig, im Winter nur sparsam gießen. Um eine ausreichend hohe Luftfeuchtigkeit zu erzeugen, Blätter oft und regelmäßig besprühen. Man kann die langen Triebe an einem Stab hochbinden oder herabhängen lassen. Soll sich die Pflanze verzweigen, werden die Triebspitzen abgeknipst. Pflanze jedes Frühjahr umtopfen und im Sommer monatlich düngen.

Vermehrung
Zur Vermehrung verwendet man im Sommer geschnittene Stecklinge.

Bekannte Arten
x F. lizei (Kultursorte) Pflanze mit zunächst aufrecht wachsenden, später herabhängenden bzw. liegenden Trieben und glänzend grünen, drei- oder fünflappigen Blättern. Die Sorte 'Variegata' wächst langsamer und besitzt vor allem an den Rändern weiß gezeichnete Blätter.

x Fatshedera lizei

Fatsia

Zimmeraralie
HSt/K/HT

Fatsia japonica

Zimmeraralien werden bereits seit über 150 Jahren im Haus gezogen. Sie können über 120 cm hoch werden und wirken sowohl in einem Wohnzimmer als auch in einer kühlen Diele sehr dekorativ.
In milden Gegenden lassen sich Zimmeraralien auch im Freien als Gartenpflanzen ziehen.

Pflege
Zimmeraralien am besten an einem hellen Platz ohne direkte Sonne bei Temperaturen um 8° C überwintern lassen. Im Sommer reichlich, im Winter jedoch nur wenig gießen. Bei Wärme die Luftfeuchtigkeit durch häufiges Besprühen und gelegentliches Abwaschen der Blätter erhöhen. Zimmeraralien eignen sich im Sommer auch gut zur Dekoration eines Innenhofs, sollten dort aber nicht praller Sonne ausgesetzt sein.

Vermehrung
Durch im Sommer geschnittene Stecklinge oder Aussaat von Samen (nur wenn Gewächshaus vorhanden).

Bekannte Arten

F. japonica (Japan) einzige Art der Gattung mit großen, glänzenden, handförmig geteilten, sieben- bis neunlappigen Blättern, die an langen Stielen sitzen, sowie weißen, in kleinen Dolden stehenden Blüten, die im November oder Dezember erscheinen. In Zimmerkultur bilden sich selten Blüten, und nur bei älteren Pflanzen. Die Sorte 'Variegata' hat weiß gemusterte Blätter.

Ficus

Feigenbaum (großblättrig)
HSt/G/HT

Zur Gattung *Ficus* gehören mehr als 800 Arten, deren Erscheinungsbild sehr vielfältig ist. Es gibt zarte, kriechende Pflanzen mit kleinen Blättern (von denen einige auf Seite 47 aufgeführt werden) sowie Arten mit großen Blättern, die in ihrer Heimat zu Bäumen heranwachsen. Von den großblättrigen Formen ist der Gummibaum *(Ficus elastica)* am besten bekannt und am weitesten verbreitet. Es gibt jedoch noch viele andere Arten, die es wert sind, wegen ihres schönen, auffallenden Erscheinungsbildes als Zimmerpflanzen gezogen zu werden.

Pflege
Ficus sollte erst gegossen werden, wenn die Erde aus-

Ficus benjamina

zutrocknen beginnt, weil zuviel Nässe zu Blattfall führen kann. Im Sommer können die Blätter gelegentlich besprüht oder mit einem Schwamm abgewischt werden. Gedüngt wird vierzehntägig vom Frühling bis zum Herbst.

Vermehrung
Soll lediglich eine zu hoch gewachsene Pflanze ersetzt werden, so läßt sich der obere Teil dieser Pflanze abmoosen und neu einpflanzen. Triebspitzen und Seitentriebe lassen sich als Stecklinge verwenden. Um den Latexfluß zu stoppen, sollten die Schnittflächen allerdings mit Holzkohlepulver bepudert werden. Auch der Stamm kann verwendet werden. Aus ihm lassen sich Blattknospenstecklinge herstellen, indem man etwa 2,5 cm lange Stücke mit je einem Blatt und einer Achselknospe zurechtschneidet. Ist das Blatt sehr groß, wie z.B. beim Gummibaum (Ficus elastica), so rollt man es zusammen, um den durch Wasserverdunstung entstehenden Feuchtigkeitsverlust zu reduzieren.

Bekannte Arten

F. **benjamina** kleinblättriger Gummibaum oder Birkenfeige (Indien). Graziler Baum mit ledrigen, zunächst apfelgrünen, später dunkleren, glänzenden Blättern. Es gibt auch eine Form mit panaschierten Blättern, die Sorte 'Hawaii'.
F. deltoidea *(F. diversifolia)* Mistel-Feigenbaum (Indien, Malaysia). Ein langsam wachsender, verzweigter Strauch mit dicken, blaugrünen, dreieckig-eirunden Blättern und das ganze Jahr über in den Blattachseln entstehenden erbsengroßen Feigen.
F. elastica Gummibaum (tropisches Asien). Besteht als Zimmerpflanze für gewöhnlich aus einem unverzweigten Trieb mit großen ledrigen, glänzendgrünen Blättern. Die ursprüngliche Art wird selten gezogen, da ihre Kultursorten sich besser als Zimmerpflanzen eignen. Zu ihnen gehören unter anderem 'Decora' (mit dunkelgrünen, oval-länglichen Blättern, deren Mittelrippe an der Unterseite rot gefärbt ist), 'Robusta' (mit rundlicheren Blättern) und 'Schrijveriana' (gelb- und dunkelgrün).
F. lyrata Geigenfeige (Westafrika) mit großen, glänzend-dunkelgrünen, von helleren Adern durchzogenen Blättern, deren Umriß an eine Geige erinnert.

Ficus

Feigenbaum (kleinblättrig)
HSt–Sch/G/HT–F

Ficus radicans 'Variegata'

Die kleinblättrigen, kletternden oder kriechenden Arten der Gattung *Ficus* unterscheiden sich sowohl in ihrer Größe als auch in ihrer Wuchsform stark von den großblättrigen Arten. Sie beanspruchen mehr Pflege als diese und werden oft in Ampeln, als Bodendecker in Pflanztrögen oder als Kletterpflanzen gezogen.

Pflege
Kleinblättrige Feigenarten brauchen helles Licht, aber keine direkte Sonne. Während der warmen Jahreszeit müssen sie reichlich gegossen und regelmäßig gedüngt werden. Im Winter wird weniger Wasser gegeben.

Vermehrung
Kleinblättrige Ficus-Arten werden durch Stecklinge vermehrt, die man mit Bewurzelungshormon behandelt und, der Wärme und Feuchtigkeit wegen, in einem Vermehrungskasten Wurzeln treiben läßt.

Bekannte Arten

F. pumila *(F. repens)* Kletterficus (China) reich verzweigte, klimmende Pflanze mit kleinen, herzförmigen Blättern, die sich beim Klettern mit Luftwurzeln festhält. Die Sorte 'Variegata' hat weiß gemusterte Blätter, die jedoch wieder ihre grüne Grundfarbe annehmen können.
F. radicans (Ostindien) rankende Pflanze mit lanzettlichen Blättern, die man am besten als Hängepflanze zieht. Die Sorte 'Variegata' besitzt elfenbeinfarbig gemusterte Blätter.

Fittonia

HSt/W/F

Fittonia ist eine wunderschöne kletternde Blattpflanze aus den Regenwäldern Perus, die jedoch im Zimmer schwer zu halten ist.

Pflege

Wichtig ist eine im Sommer stets feuchte, aber nicht zu nasse Erde (im Winter weniger gießen) und eine hohe Luftfeuchtigkeit (läßt sich durch tägliches Besprühen der Pflanze erreichen). Vom Frühling bis zum Herbst sollte wöchentlich gedüngt werden. Die kleinblättrige *F. verschaffeltii* 'Argyroneura Nana' scheint widerstandsfähiger zu sein als die großblättrigen Formen.

Vermehrung

Im Frühling oder Sommer geschnittene Stecklinge lassen sich leicht bewurzeln. Da die Pflanze jedoch von selbst Wurzeln an ihren Trieben ausbildet, ist es einfacher, eine große Pflanze zu teilen.

Bekannte Arten

F. verschaffeltii (Peru) sich flach ausbreitende Pflanze mit 7,5–10 cm langen, ovalen, olivgrünen, von feinen karminroten Adern durchzogenen Blättern. Die Sorte 'Argyroneura', die oft als gesonderte Art aufgeführt wird, besitzt silbrige Blattadern. Die wenige anspruchsvolle 'Argyroneura Nana' hat ebenfalls silberfarbene Blattadern; die Blätter sind jedoch nur etwa 2,5 cm lang.

Fittonia 'Argyroneura Nana'

Gloxinia

Gloxinie

HSt/(G)/F

Korrekterweise sollte diese Pflanze unter der Bezeichnung *Sinningia* behandelt werden, da ihr richtiger Name *S. speciosa* lautet. Sie wird jedoch fast immer als Gloxinie angeboten. Moderne Gloxinien-Sorten sind wunderschön; sie finden jedoch im Zimmer alles andere als ideale Wachstumsbedingungen vor.

Pflege

Wesentlich ist ein heller Platz ohne direkte Sonneneinstrahlung. Während der Wachstumszeit darf die Erde nie austrocknen, und die Luftfeuchtigkeit sollte so hoch wie möglich sein, ohne daß die Blätter dabei naß werden. Im Sommer einmal wöchentlich düngen.

Gloxinie *(Sinningia speciosa)*

Im Herbst sterben die oberirdischen Teile der Gloxinie ab. Sobald sich die Blätter gelb verfärben, läßt man daher die Erde völlig austrocknen und lagert die Knolle anschließend an einem frostfreien Ort. Im Frühling wird die Knolle wieder eingepflanzt (mit der Mulde nach oben), an einen warmen Platz gebracht und feucht gehalten, bis sie wieder austreibt.

Vermehrung
In einem Gewächshaus lassen sich Gloxinien aus Samen aufziehen; im Haus ist dies kaum möglich. Man vermehrt die Pflanze daher im Juni durch Blattstecklinge.

Bekannte Arten
G. speciosa *(Sinningia speciosa)* (Brasilien) mit ovalen, bis zu 25 cm langen, weich behaarten Blättern und großen glockenförmigen, nach oben gerichteten Blüten. Weiß, rot, purpurn und rosa blühende Sorten.

Grevillea

Australische Silbereiche
HSt/K/HT

Grevillea robusta, die Australische Silbereiche, ist ein schnellwachsender, immergrüner Baum, der bisweilen dazu dient, einer Sommerrabatte einen besonderen Akzent zu verleihen. Sie ist die einzige Art der Gattung, die als Zimmerpflanze kultiviert wird. Man verwendet *Grevillea robusta* am besten als größeres, repräsentatives Gewächs für einen hellen, kühlen Standort.
In ihrer Heimat wird die Australische Silbereiche bis zu 35 m hoch und treibt eine Fülle goldgelber Blüten, die sich in Zimmerkultur allerdings nie bilden.

Pflege
Obwohl die Pflanze im Sommer nie der direkten Mittagssonne ausgesetzt werden sollte, profitiert sie im Winter von einem hellen Standort. Junge Pflanzen müssen im Frühling umgetopft, während der Wachstumsperiode aber nicht gedüngt werden.
Vom Spätfrühjahr bis zum Herbst sollte die Pflanze feucht, im Winter aber etwas trockener gehalten werden.

Vermehrung
Grevillea läßt sich leicht aus Samen aufziehen, die man im Frühling oder Sommer aussät. Im Frühling oder Spätsommer können auch Stecklinge aus Seitentrieben geschnitten werden.

Bekannte Arten
G. robusta (Neusüdwales) immergrüner Baum mit doppelt oder dreifach gefiederten, farnartigen Blättern, die jung mit seidigen Haaren bedeckt sind.

Grevillea robusta

Guzmania

Guzmanie

HSt/G/F

Eine vor allem in den tropischen Regenwäldern Südamerikas beheimatete Gattung der Bromelien, die nach dem im 18. Jahrhundert lebenden spanischen Botaniker und Apotheker A. Guzman benannt wurde.

Pflege

Guzmania sollte mit temperiertem, weichem Wasser gegossen und besprüht werden. Es ist darauf zu achten, daß der zentrale Blatttrichter vom Frühling bis zum Frühherbst immer mit Wasser gefüllt ist. In der Wachstumsperiode wird auch eine sehr verdünnte Düngerlösung zugegeben. Während sich die Blüten bilden, sollte die Pflanze häufig besprüht werden. Nach der Blütezeit, wenn die Pflanze ihre Ruhephase beginnt, füllt man den Blatttrichter nicht mehr.

Vermehrung

Durch große Seitentriebe, die man erst von der Mutterpflanze trennt, wenn sie Wurzeln gebildet haben. Die jungen Pflanzen müssen nach dem Eintopfen warm gehalten werden, bis sie angewachsen sind.

Bekannte Arten

G. lingulata (Kolumbien) mit schmalen, leuchtendgrün glänzenden, in einer Rosette angeordneten Blättern sowie einem kopfigen Blütenstand aus gelblichen Blüten, die zwischen haltbaren, leuchtendroten Brakteen stehen. Es gibt von dieser Art zahlreiche Sorten.

G. minor (Costa Rica, Panama, Brasilien) wie *G. lingulata*, nur kleiner (etwa 25 cm hoch) und mit weißen Blüten zwischen roten oder orangefarbigen Hochblättern.

Oben: *Guzmania lingulata*

Unten: *Guzmania minor*

Haworthia fasciata

Gynura

Samtpflanze
HSt/G/HT

Gynura procumbens

Die als Blattpflanzen gezogenen *Gynura*-Arten beeindrucken durch ihre ungewöhnliche Farbe. Ihre Blätter sind nämlich dicht mit lilafarbigen Haaren bedeckt, deren optische Wirkung sich mit dem Lichteinfall und Blickwinkel verändert.

Pflege
Helles Licht ist eine wichtige Voraussetzung für dichten Wuchs und eine schöne Blattfärbung; pralle Mittagssonne ist allerdings zu meiden. Um eine buschig verzweigte Pflanze zu ziehen, müssen die Triebspitzen regelmäßig abgeknipst werden. Im Sommer wird reichlich, im Winter sparsam gegossen.

Vermehrung
Stecklinge treiben, besonders im Frühling, leicht Wurzeln.

Bekannte Arten
G. procumbens *(G. sarmentosa)* (Indien) eine kriechende Pflanze mit dunkelgrünen, dicht mit violetten Haaren besetzten Blättern und unscheinbaren, übelriechenden, blaßorangen Blüten, die man am besten entfernt.

Haworthia

Haworthie
HSt/K/T

Kleinwüchsige Sukkulenten, die wegen ihrer in Rosetten angeordneten, dicken, schön gemusterten Blätter gezogen werden.

Pflege
Obwohl diese Pflanzen helles Licht brauchen, sollte man sie nicht in die pralle Sonne stellen, da sich die Blätter hierdurch verfärben. Im Sommer wird normal, im Winter sparsam gegossen. Normalerweise muß nicht gedüngt werden.

Vermehrung
Am einfachsten ist die Pflanze durch Seitentriebe zu vermehren, die sich an älteren Pflanzen bilden.

Bekannte Arten
H. attenuata (Südafrika) mit Rosetten aus schmalen,fleischigen Blättern, die auf ihrer Rückseite Querstreifen aus kleinen weißen Wärzchen aufweisen.
H. fasciata (Südafrika) mit fleischigen, spitz zulaufenden, nach innen gebogenen Blättern, die außen mit kleinen weißen Warzen besetzt sind.
H. margaritifera (Südafrika) ähnlich wie *H. fasciata,* nur mit breiteren Rosetten und zufälliger verteilten weißen Wärzchen.

Hedera

Efeu

HSt-Sch/K/HT

Efeu muß nicht beschrieben werden, da die bekannte Art *H. helix* in vielen Teilen Europas wild vorkommt, eine robuste Pflanze, die aber dennoch ein Mindestmaß an Pflege beansprucht, wenn sie im Zimmer gedeihen soll.

Pflege

Efeu verträgt keine heißen, stickigen Räume; er sollte an einem kühlen Platz wachsen, obwohl *H. canariensis* mehr Wärme verträgt als *H. helix*. Grüne Sorten brauchen nicht soviel Licht wie Sorten mit gemusterten Blättern. Die Erde sollte stets feucht sein.

Vermehrung

Efeu-Stecklinge treiben sogar in Wasser Wurzeln; besser ist es jedoch, sie gleich in Erde zu stecken. Aus langen Trieben einer älteren Pflanze lassen sich auch Absenker machen. Sobald sie Wurzeln getrieben haben, pflanzt man sie zu mehreren zusammen in einen Topf und entfernt die Triebspitzen, damit sich die Pflänzchen verzweigen.

Bekannte Arten	
H. canariensis *(Hedera helix ssp. canariensis)* Kanarischer Efeu (Kanarische Inseln). Die Stammform hat grüne Blätter; gezogen wird jedoch hauptsächlich die Sorte 'Variegata' ('Gloire de Marengo') mit großen, herzförmigen, etwas gelappten Blättern mit graugrünen Flecken und auffallend cremegelb gefärbten Rändern.	**H. helix Efeu** (Europa) eine Art, die nicht beschrieben werden muß. Von ihr gibt es jedoch verschiedenste kleinblättrige Sorten, die als Zimmerpflanzen kultiviert werden. Sie zeichnen sich entweder durch unterschiedliche Blattformen oder durch eine elfenbeinfarbene bzw. gelbe Musterung aus.

Hedera canariensis 'Variegata'

Helxine

Bubiköpfchen

HSt/K/HT

Pflanzengattung mit nur einer bekannten Art, deren botanisch korrekter Name *Soleirolia soleirolii* lautet, die aber als *Helexine soleirolii* verkauft und daher auch hier unter diesem Namen aufgeführt wird. Das Bubiköpfchen eignet sich für kühle Stellen im Haus und kann in Ampeln oder Schalen gezogen werden.

Helexine soleirolii, H.s. 'Argentea', *H.s.* 'Aurea'

Pflege
Das Bubiköpfchen gedeiht am besten in einem kühlen Raum und kann sogar etwas Frost vertragen. Es bevorzugt eine feuchte Atmosphäre (regelmäßig besprühen !) und einen gleichbleibend feuchten Boden. Trocknet der Boden einmal aus, so verschrumpelt die Pflanze und fällt zusammen.
Helxine breitet sich kriechend aus, wobei immer neue Würzelchen an den Trieben entstehen. Daher muß auch jährlich umgetopft werden; vorzugsweise in großflächige, aber flache Behälter.

Vermehrung
Zur Vermehrung werden im Frühling oder Sommer bewurzelte Triebe vom Rand einer Pflanze abgezupft oder Pflanzen geteilt.

Bekannte Arten
H. soleirolii *(Soleirolia soleirolii)* (Korsika) ist ein kriechendes, immergrünes Pflänzchen mit dicht stehenden, etwa 0,6 cm großen, runden Blättchen. Die Sorte 'Argentea' hat silbrige, 'Aurea' dagegen schöne gelblich-grüne Blätter.

Hibiscus

Roseneibisch

HSt–S/G/HT

Als Zimmerpflanze wird *H. rosa-sinensis,* der Chinesische Roseneibisch, ein Strauch mit großen, leuchtend gefärbten Blüten gezogen. Durch den Einsatz von Wachstumsinhibitoren sind kommerzielle Züchter in der Lage, kleine Pflanzen mit kompaktem Habitus anzubieten, die bereits große Blüten tragen. Aus eigenen Stecklingen lassen sich vergleichbare Pflanzen leider nicht ziehen.

Pflege
Hibiscus braucht viel Licht und eine stets feuchte Erde, obwohl im Winter weniger gegossen wird. Die Pflanze sollte gelegentlich besprüht und von Juli bis November gedüngt werden.
Im Februar werden lange Triebe zurückgeschnitten, um einen buschigen Wuchs anzuregen; im Mai umtopfen.

Vermehrung
Zwischen April und September können Kopfstecklinge geschnitten und am besten in einem Vermehrungskasten bewurzelt werden.

Bekannte Arten
H. rosa-sinensis Chinesischer Roseneibisch, Chinarose (China) mit glänzenddunkelgrünen, spitzovalen, am Rand gezähnten Blättern und einfachen, halb oder ganz gefüllten, bis 10 cm großen, trichterförmigen Blüten in Karmesinrot, Orange, Rosa, Gelb oder Weiß, mit einem weit vorragenden, von einer dekorativen Staubblattsäule umgebenen Stempel. Zahlreiche Hybriden.

Hibiscus rosa-sinensis

Hippeastrum

Ritterstern

S/G/HT

Meist als „Amaryllis" bezeichnete, wunderschön blühende Zwiebelpflanze, die blühend oder mit Knospen angeboten wird, sich aber auch leicht im Zimmer ziehen läßt. Ist mit der Art *Amaryllis belladonna* (Belladonnalilie), die in sehr milden Gegenden im Garten, nie aber im Haus gezogen wird, verwandt, aber keineswegs identisch und sollte daher nicht mit dieser verwechselt werden.

Hippeastrum

Pflege

Trockene Zwiebel so in einen 15-cm-Topf setzen, daß ihre obere Hälfte aus der Erde herausragt. Erde befeuchten, aber nicht zu stark gießen (!) und Topf an einen warmen Ort (wenn nötig, neben die Heizung) stellen.
Zuerst erscheint die Blütenknospe, der dann die Blätter folgen. Ist der Blütenschaft etwa 15 cm hoch, Topf an einen hellen Ort stellen, stärker gießen und alle vierzehn Tage düngen.
Nach der Blüte, Blütenschaft entfernen und allmählich weniger gießen, bis sich die Blätter wieder zurückgezogen haben. Der Zyklus beginnt von neuem, wenn sich im nächsten Frühling (im März) eine neue Triebspitze zeigt.

Vermehrung

Der Ritterstern kann zu Hause vermehrt werden; das dauert jedoch recht lange. Brutzwiebeln, die sich an einer großen Zwiebel gebildet haben, lassen sich von dieser trennen und in Töpfe pflanzen. Sie blühen allerdings erst nach etwa drei Jahren zum erstenmal.

Bekannte Arten
Hippeastrum-Hybriden (Kultursorten) mit riemenförmigen Blättern und bis zu 60 cm langen, kräftigen Blütenschäften, an deren Spitze meist vier außerordentlich dekorative, 15–18 cm breite, trichterförmige, weiß, rot oder rosa gefärbte Blüten stehen. Sie besitzen herausragende Staubgefäße und können auch andersfarbige Ränder, Streifen oder Flecken aufweisen.

Hyacinthus

Hyazinthe

HSt/K/HT

Die Hyazinthe wurde nach *Hyakinthos* benannt, einem wunderschönen Knaben, den Apollo liebte und aus Versehen tötete. Sie wird sowohl wegen ihrer kräftigen Blütenstände als auch wegen ihres betörenden Duftes geliebt.

Pflege

Hyazinthen sind zwar keine Zimmerpflanzen, werden aber in Töpfen getrieben und gegen Ende des Winters als Zimmerdekoration angeboten. Nach der Blüte können sie in den Garten gepflanzt werden. Sollen Hyazinthen zu Weihnachten blühen, muß man vorbehandel-

Hyacinthus orientalis

te Zwiebeln kaufen und so früh wie möglich einpflanzen. Zwiebeln dabei so in die Erde setzen, daß sie 1 cm über der Oberfläche hinausragen.
Töpfe an einen kühlen, dunklen Ort bringen (am besten ins Freie unter eine Schicht Torf) und darauf achten, daß die Erde nicht austrocknet. Sind die Triebe 2,5–5 cm lang, holt man die Pflanzen in einen kühlen (etwa 10° C) Raum und läßt sie dort zunächst einige Tage im Schatten stehen, bevor man sie ins Licht stellt.

Vermehrung
Hyazinthen, die im Winter treiben sollen, brauchen spezielle Vorbehandlung durch den Fachmann.

Bekannte Arten

H. orientalis (Osteuropa, Vorderasien) statt der Wildart werden die hinreichend bekannten Hybriden mit großen, duftenden Blütenständen gezogen. Es gibt zahlreiche Sorten in Weiß, Rosarot, Rot, Gelb oder Blau.

Hydrangea

Hortensie

HSt/K/HT–F

Hortensien sind nützliche Gartensträucher, die auch, zumindest als kleine, blühende Pflanzen, einige Zeit im Zimmer kultiviert werden können. Von Züchtereien werden junge Hortensien früh im Jahr zum Blühen gebracht, indem man sie zuvor entlaubt. Dies geschieht, indem man sie mit reifen Äpfeln, die Äthylen ausdünsten, in einen Raum stellt oder ganz einfach mit Entlaubungsmitteln besprüht.
Vor dem Verkauf muß eine Hortensie aber noch weitere Behandlungen über sich ergehen lassen. Hierzu kann auch die Gabe von Wachstumsinhibitoren gehören, die man verabreicht, um Pflanzen ein kompaktes, buschiges Aussehen zu verleihen.

Hydrangea macrophylla

Pflege
Während der Vegetationsperiode regelmäßig mit weichem Wasser gießen, damit die Erde feucht bleibt, und gelegentlich die Blätter besprühen.
Gedüngt wird wöchentlich, wenn die Pflanzen im Frühling zu wachsen beginnen, sowie im Sommer, nachdem sie geruht haben.
Die Pflanzen sollten insbesondere zur Blütezeit nie heiß und trocken stehen. Nach der Blüte schneidet man die Triebe um die Hälfte zurück.
Die Blütenfarbe ist bei Hortensien zum Teil von der Sorte abhängig, zum Teil aber auch vom pH-Wert der Erde, in der sie wachsen. Zieht man eigene Pflanzen auf, so muß man beachten, daß rosa oder rot blühende Sorten in sehr saurer Erde blaue oder purpurne Blüten bekommen und blaue Sorten in schwach saurer Erde rosa oder rot blühen können.

Vermehrung
Es ist nicht ratsam, neue Hortensien im Zimmer aufzuziehen. Will man es dennoch versuchen, so schneidet man im Sommer halbreife Stecklinge. Sie treiben sogar in Wasser Wurzeln; die jungen Pflanzen werden jedoch voraussichtlich erst im dritten Jahr blühen.

Bekannte Arten

H. macrophylla *(H. hortensis)* (China, Japan) mit glänzenden, verkehrt-eiförmigen, bis zu 15 cm langen, am Rand gezähnten Blättern sowie großen, kugeligen, je nach Sorte und pH-Wert des Bodens, weißen, rosafarbenen oder blauen Blütenständen. Bei einigen Sorten sind nur die äußeren Blüten groß und farbig ausgebildet; die inneren Blüten sind dagegen unscheinbar klein, aber fruchtbar.

Hypocyrta

Kußmäulchen

S–HSt/G/HT

Die meisten Mitglieder dieser Gattung sind im brasilianischen Urwald zu Hause. Lediglich eine Art wird als Zimmerpflanze gezogen, obwohl auch sie oft unschön wächst und, wenn sie nicht gerade blüht, nicht sonderlich attraktiv aussieht. Ihre Blüten sind klein und leuchtend gefärbt, aber oft zwischen den Blättern verborgen.

Pflege

Kußmäulchen vertragen direkte Sonne, besonders im Winter. Im Sommer sollte reichlich gegossen, regelmäßig gesprüht und alle vierzehn Tage gedüngt werden. Im Winter Stengel zurückschneiden, um die Wuchsform zu verbessern und die Bildung von Blütentrieben anzuregen.

Vermehrung

Im Frühling und Sommer schneidet man Stecklinge.

Bekannte Arten
H. glabra (Südamerika) mit kleinen, lederartigen, glänzendgrünen Blättern sowie orangefarbenen Blüten mit einer an der Basis bauchig erweiterten Blütenröhre.

Hypocyrta glabra

Hypoestes

Punktblume

HSt/G/F

Im Zimmer kultiviert wird lediglich die Art *H. phyllostachya*, die noch häufig unter ihrem alten Namen, *H. sanguinolenta,* angeboten wird. Dieser Name wird von einige Fachleuten jedoch zur Benennung von Pflanzen mit ungemusterten Blättern verwendet, denen man jedoch kaum je begegnet. Das ist nicht weiter bedauerlich, da die angebotenen Blattpflanzen sehr ansprechend sind und gern gekauft werden. Man sollte jedoch bedenken, daß sie ihre hübsche Gestalt wahrscheinlich einem Wachstumsinhibitor verdanken, dessen Wirkung mit der Zeit nachläßt. Im gedämpften Licht eines Zimmers bildet *Hypoestes* daher bald lange unschöne Triebe aus.

Hypoestes phyllostachya

Pflege
Hypoestes gedeiht am besten in hellem Licht und hoher Luftfeuchtigkeit. Die Pflanze sollte daher häufig besprüht werden. Alte Pflanzen können im Frühling umgetopft und beschnitten werden, damit sich ihre Triebe buschig verzweigen. Am besten ist es jedoch, neue Pflanzen aus Stecklingen aufzuziehen.

Vermehrung
Im Frühling oder Sommer lassen sich Stecklinge unter feuchten Bedingungen leicht bewurzeln. Um *Hypoestes* aus Samen zu ziehen, sollte man ein Gewächshaus haben. Aus Stecklingen vermehrte Sorten können jedoch in Farbe und Muster schöner sein als Sämlinge.

Bekannte Arten
H. phyllostachya *(H. sanguinolenta)* (Madagaskar) mit etwa 7 cm langen, eiförmigen, grünen Blättern, die ein Muster aus rosafarbenen Flecken und Punkten aufweisen. Die Farbintensität und das Ausmaß der Musterung (manche Blätter sind überwiegend rosa mit nur wenigen grünen Flecken) sind abhängig von der Sorte sowie dem Licht- und Nährstoffangebot.

Impatiens

Springkraut

HSt–S/G/HT

Als es noch kein so reichhaltiges Angebot an Zimmerpflanzen gab, war *Impatiens walleriana,* das Fleißige Lieschen, außerordentlich beliebt. Inzwischen ist es etwas aus der Mode gekommen; ein Jammer, wenn man bedenkt, wie sehr sich die modernen, kompakten Sorten von älteren unterscheiden.

Pflege
Fleißige Lieschen brauchen einen hellen Standort, vertragen aber keine intensive Sonnenstrahlung. Im Sommer muß wöchentlich gedüngt und die Erde stets feucht gehalten werden; im Winter gießt man weniger. Gelegentlich sollte auch gesprüht werden.
Da *Impatiens* mit der Zeit durch zu lange Triebe unschön wird, empfiehlt es sich, jedes Jahr frische Pflanzen zu ziehen.

Vermehrung
Fleißige Lieschen werden meist aus Samen gezogen (Aussaat im Frühling). Die jungen Pflänzchen brauchen aber einen hellen, warmen Platz, um sich gut zu entwickeln.
Stecklinge schneidet man im Frühling oder Sommer. Sie treiben sehr leicht Wurzeln (sogar im Wasser). Einige Sorten mit gemusterten Blättern lassen sich nur über Stecklinge vermehren.
Bei jungen Pflanzen werden die Triebspitzen entfernt, um ein buschiges Wachstum zu fördern.

Bekannte Arten
I. walleriana *(I. holstii)* (Ostafrika) verzweigte Pflanze mit saftig-fleischigen, leicht durchscheinenden Trieben, leuchtend grünen, ovalen Blättern und 2,5 cm breiten, flachen, fünfzähligen Blüten mit langem, dünnem Sporn. Kultur-Sorten sind meist Hybriden. Sie blühen in vielen Schattierungen von Violett, Rosarot, Rot, Orange oder Weiß und können auch zweifarbig sein (mit weißen Streifen). Als Zimmerpflanzen sollten kompakte Formen ausgewählt werden. Es gibt sie mit einfachen oder gefüllten Blüten sowie gemusterten Blättern.

Impatiens Neuguinea-Hybride

Iris

Schwertlilie

HSt–S/K/T

Iris reticulata 'Harmony'

Zwiebeliris sind eigentlich keine Hauspflanzen. Man kann sie jedoch in Töpfen ziehen, um sie zu Jahresbeginn im Zimmer blühen zu lassen.

Pflege

Die Zwiebeln werden im September in Töpfe mit normaler Pflanzerde gesetzt und unter einer Torf- oder Sandschicht so lange im Freien gehalten, bis ihre Triebe eine Länge von etwa 2,5 cm erreicht haben. Legt man Wert auf eine frühe Blüte, so stellt man die Pflanzen dann am besten in ein helles Gewächshaus oder in einen Frühbeetkasten. Ins Haus dürfen sie erst, wenn sich bereits Blüten zeigen.
Nach der Blüte pflanzt man die Schwertlilien in den Garten. Zum Treiben werden am besten wieder neue Zwiebeln gekauft.

Vermehrung

Die Zwiebeln vermehren sich von selbst. Bis der Nachwuchs zu blühen beginnt, dauert es allerdings einige Jahre, so daß es besser ist, die Iris in den Garten auszupflanzen und neue bereits blühfähige Zwiebeln zu kaufen.

Bekannte Arten

I. danfordiae (Osttürkei) mit gelben, duftenden Blüten, die im Januar oder Februar, fast noch vor den Blättern erscheinen. Die Blütentriebe sind etwa 10 cm hoch.

I. reticulata (Rußland, Kaukasus, Nordiran) je nach Sorte mit blauen oder violetten, jedoch nicht duftenden Blüten im Januar oder Februar. Die Höhe der Blütentriebe beträgt etwa 13 cm.

Jasminum

Jasmin

S/K/HT–F

Die als Zimmerpflanzen gezogenen Jasmin-Arten fühlen sich im Haus zwar nicht so wohl, sind aber sehr hübsch mit ihren an einen Stab oder Drahtbogen gebundenen zarten Trieben.

Pflege

Um zu gedeihen, braucht Jasmin einen hellen Standort, feuchte Erde und eine ausreichend hohe Luftfeuchtig-

Jasminum polyanthum

keit. Häufiges Besprühen ist daher notwendig. Den Sommer kann die Pflanze im Freien verbringen.
Nach der Blütezeit beschneidet man die langen Triebe, um eine kompakte Wuchsform zu erzielen und um die Blütenbildung anzuregen. Wenn nötig, wird im Frühling umgetopft.

Vermehrung
Jasmin läßt sich durch Triebstecklinge vermehren, die man im Frühling oder Herbst schneidet und mit Bewurzelungshormon behandelt.

Bekannte Arten

J. mesnyi (*J. primulinum*) (China) eine rankende Pflanze mit hellgelben Blüten und zart gefiederten Blättern.
J. officinale (Persien, Indien, China) Kletterpflanze mit gefiederten Blättern und in Trugdolden stehenden, stark duftenden, weißen (blaßrosafarbenen), stieltellerförmigen Blüten. Die Sorte 'Grandiflorum' hat besonders große Blüten.
J. polyanthum (China) wie *J. officinale,* allerdings mit außen rosaroten, im Inneren aber reinweißen Blüten.

Kalanchoe

Brutblatt
Arten mit schönen Blüten
HSt–S/G/HT–T

Kalanchoe blossfeldiana

Am bekanntesten sind die blühenden *Kalanchoe-blossfeldiana*-Hybriden. Einige der weniger dekorativen, aber dennoch faszinierenden, viviparen Arten der Gattung werden auf Seite 60 beschrieben.
Das Brutblatt gehört zu den sogenannten Kurztagspflanzen, bei denen die Blütenbildung erst nach einer Anzahl kurzer Tage einsetzt. Die Länge der jeweils erforderlichen Dunkelphase ist dabei auch zu einem gewissen Grad von der Sorte abhängig. Züchtereien können durch künstliche Lichtprogramme zu jeder Zeit des Jahres blühende Pflanzen auf den Markt bringen. Das Erscheinungsbild der angebotenen Ware wird zuvor oft auch durch Wachstumsregulatoren verändert. Der Hobbygärtner hat zu Hause nicht die Möglichkeit, die Pflanzen entsprechend zu manipulieren. Er kann eine kompakte Wuchsform nur dadurch erreichen, daß er an einer noch kleinen Pflanze die Triebspitzen entfernt. Eine Methode, die allerdings den Zeitpunkt der Blüte um drei Wochen verschiebt und zudem auch nicht bei allen Sorten von Erfolg gekrönt ist.

Pflege
Im Sommer sollte mäßig, im Winter eher sparsam gegossen werden. Gekaufte Pflanzen blühen ein oder zwei Monate lang. Danach verändert sich allerdings ihre Wuchsform sowie der Zeitpunkt ihrer Blüte. Will man eine Pflanze nach der Blüte weiterziehen, so schneidet man den Stengel bis auf ein Blattpaar zurück und topft dann um. Wenn das Wachstum wieder einsetzt, beginnt man zu düngen (einmal im Monat), bis die Blüten erscheinen, meist im Frühling.

Vermehrung
Kalanchoe kann aus Samen oder Stecklingen gezogen werden. Stecklinge schneidet man im Frühling oder Sommer und läßt sie vor dem Einpflanzen einen Tag lang trocknen.

Bekannte Arten

K. blossfeldiana Flammendes Käthchen (Madagaskar) mit fleischigen, glänzend dunkelgrünen, eiförmigen Blättern, die leicht brechen, und in dichten Trugdolden stehenden, meist scharlachroten Blüten. Es gibt auch Hybriden dieser Art mit orange- oder lilafarbenen sowie gelben Blüten.
K. manginii (Madagaskar) eine wesentlich weniger bekannte Art mit 2–4 cm langen, lanzettlichen bis spatelförmigen Blättern und über die Blätter hinausragenden, kleinen Blütenständen mit hängenden roten Blüten.

Kalanchoe

Brutblatt (Vivipare Arten)

HSt–S/G/T

Die beliebten, blühenden *Kalanchoe*-Arten werden auf Seite 59 beschrieben. Hier geht es um jene faszinierenden Arten, die an den Rändern oder Spitzen ihrer Blätter winzige Pflänzchen ausbilden, die irgendwann abfallen und dort, wo sie hinfallen, Wurzeln treiben und zu neuen, großen Pflanzen heranwachsen. Sie wurden früher einer selbständigen Gattung mit dem Namen *Bryophyllum* zugeordnet und werden noch heute von manchen Züchtern so benannt.

Pflege

Sukkulente Pflanzen dieser Art erleiden nicht allzuviel Schaden, wenn ihre Erde hin und wieder austrocknet; sie wachsen jedoch wesentlich üppiger, wenn sie während des Sommers normal gegossen werden. Es empfiehlt sich, eine Pflanze klein zu halten, indem man darauf verzichtet, sie zu düngen. Größere Pflanzen bilden mit der Zeit nämlich recht lange Triebe und sehen insgesamt nicht mehr so schön aus, obwohl die Blüten, die sie in diesem Stadium bilden, nicht häßlich sind. Am besten ist es, zu alte Pflanzen wegzuwerfen und aus dem unerschöpflichen Vorrat an neuen Pflänzchen neue Topfpflanzen aufzuziehen.

Vermehrung

Zur Vermehrung werden die an den Blättern gebildeten kleinen Pflänzchen in Erde eingesetzt.

Bekannte Arten
K. daigremontiana *(Bryophyllum daigremontianum)* (Madagaskar) mit langen, lanzettlichen, blaugrün gefärbten und an der Unterseite purpurrot gefleckten Blättern, an deren Rändern sich kleine Pflänzchen bilden. Die Pflanze besitzt meist nur einen Stengel, verzweigt sich also kaum. **K. tubiflora** *(Bryophyllum tubiflorum)* (Madagaskar) mit zylindrisch geformten, eher wie Stengel ausgebildeten, dunkler gemusterten Blättern, die an ihren Spitzen junge Pflänzchen bilden.

Kalanchoe daigremontiana

Kentia

Kentie

HSt/G/HT

In vielen Büchern sind die Kentien unter dem neuen, korrekten Namen *Howeia* aufgeführt. Andere Bücher verwenden die Bezeichnung *Kentia,* unter der die Pflanzen noch häufig verkauft werden.

Pflege

Kentien während der Hauptwachstumszeit so gießen, daß die Erde stets feucht ist; im Winter kann der Topfballen dagegen zwischen den Wassergaben fast austrocknen. Während des Sommers Pflanze möglichst täglich besprühen und alle vierzehn Tage düngen. Blätter

Kentia forsteriana

außerdem gelegentlich mit einem nassen Schwamm abwischen.
Umgetopft wird, wenn nötig (etwa jeden zweiten Frühling).

Vermehrung
Die Vermehrung kann über Samen erfolgen. Im Haus ist es jedoch praktischer, Schößlinge, die sich an einer Pflanze gebildet haben, beim Umtopfen abzunehmen und gesondert einzupflanzen.

Bekannte Arten
K. belmoreana *(Howeia belmoreana)* (Lord Howe Inseln) mit dunkelgrünen, aus zahlreichen langen, 2–3 cm breiten Fiederblättern bestehenden Wedeln. **K. forsteriana** *(Howeia forsteriana)* (Lord Howe Inseln) wie die erstgenannte Art, nur mit stärker hängenden Wedeln, die zudem weniger Fiederblätter aufweisen. Das Wachstum ist sehr langsam, so daß sich pro Jahr für gewöhnlich nur ein neues Blatt entwickelt. Man pflanzt daher mehrere Pflanzen in einen Topf.

Lilium

Lilie

HSt–S/K/HT

Lilien sind in den USA, England und anderen europäischen Ländern schon lange beliebte Topfpflanzen. Als Handelsware konnten sie sich jedoch erst richtig durchsetzen, als sich ihre Stengelhöhe durch die zunehmende Anwendung von Wachstumsregulatoren so reduzieren ließ, daß handliche Pflanzen entstanden.
Lilien im Topf aufzuziehen, ist für den Hobbyzimmergärtner (auch für Züchtereien) außerordentlich schwierig. Man kauft die Pflanzen daher am besten in blühendem Zustand als Zimmerdekoration und pflanzt sie nach der Blüte in den Garten.

Pflege
Lilien brauchen einen hellen Standort und viel Wasser. Ist der Blütenstand verblüht, wird er abgeschnitten und die Pflanze in den Garten gesetzt. Um alte oder neu gekaufte Zwiebeln austreiben zu lassen, braucht man mehr Licht als für gewöhnlich im Haus zur Verfügung steht.

Vermehrung
Es gibt keine für den Laien geeignete Methode zur Vermehrung von Lilien in Zimmerkultur.

Bekannte Arten
In Europa werden für gewöhnlich Mid-Century-Hybriden wie 'Enchantment' und 'Destiny' gezogen. In den USA sind auch die L. longiflorum Sorten 'Ace' und 'Nellie White' beliebt.

Lilium 'Enchantment'

Lithops

Lebender Stein

S/K/T

Pflanzengattung mit rund 50 faszinierenden Sukkulenten, von denen über der Erde lediglich zwei dickfleischige, halbkreisförmige, an der Basis verwachsene Blätter zu sehen sind. Diese sind in ihrer Form und Farbe genauso strukturiert, wie die Steine, von denen sie in ihrem natürlichen Wüstenlebensraum umgeben sind – eine Mimikry, die die Pflanzen vor natürlichen Feinden schützt. Neue Blätter und die großen, leuchtend gefärbten, strahlenförmigen Blüten entstehen in dem schmalen Spalt zwischen den alten Blättern.

Pflege

Lebende Steine brauchen beste Lichtbedingungen und viel Sonne. Wasser benötigen sie dagegen kaum (im Sommer) oder gar nicht (in der Zeit zwischen Herbst und Frühjahr, wenn sich die neuen Blätter bilden). Damit die Blätter nicht faulen, sollte Wasser nur von unten zugeführt werden.
Zum Umtopfen Kaktuserde oder eine andere lehmhaltige Erde verwenden.

Vermehrung

Durch Aussaat im Frühling. Die Samen keimen leicht; es dauert jedoch zwei bis drei Jahre bis zur Blüte.

Bekannte Arten

L. lesliei (Namaqualand) mit einer rostbraunen Oberfläche, die von braungrünen Furchen durchzogen wird und 3 cm breiten, gelben Blüten.
L. pseudotruncatella (Namaqualand) mit hellbraunen, dunkelbraun gefleckten Blättern und gelben Blüten. Läßt sich am leichtesten zum Blühen bringen.
L. turbiniformis (Namaqualand) mit graubraunen, dunkelbraun gezeichneten Blättern.

Lithops

Lobivia

Lobivia

Lobivie

S/K/T

Der Name der Pflanzengattung ist ein Anagramm auf Bolivien, das Land, aus dem die meisten dieser Kakteen stammen. *Lobivia*-Arten werden wegen ihrer schönen, leuchtend gefärbten Blüten gezogen, die zwar kurzlebig sind, aber während des Sommers über einen langen Zeitraum hinweg gebildet werden.

Pflege

Lobivien brauchen das ganze Jahr über viel Licht und einen kühlen Platz im Winter. Im Sommer sollte mäßig, vom Herbst bis zum Frühling jedoch kaum gegossen werden. Gedüngt wird einmal im Monat, während der Wachstumsperiode. Zum Umtopfen eignet sich Kaktuserde oder Pflanzerde auf Lehmbasis.

Vermehrung
Lobivien können aus Samen gezogen oder durch Kindel vermehrt werden, die oft bereits über eigene Wurzeln verfügen und beim Umtopfen abgenommen werden.

Bekannte Arten
L. densispina (Peru) ein zylindrisch geformter, dicht mit Dornen besetzter Kaktus mit etwa 5 cm breiten, gelb, orange oder rot gefärbten, trichterförmigen Blüten. **L. backebergii** (Bolivien) kugelig geformter Kaktus mit fünfzehn eingekerbten Rippen und karminroten Blüten.

Mammillaria

Warzenkaktus
S/K/T

Eine große Gruppe kugel- oder säulenförmiger Kakteen, die mit spiralförmig angeordneten Warzen bedeckt sind.

Pflege
Warzenkakteen brauchen viel Sonne und müssen vorsichtig gegossen werden. Im Winter wird nur sehr wenig, in kühler Umgebung unter Umständen auch überhaupt kein Wasser gegeben. Jeden Frühling in Kakteenerde oder eine andere lehmhaltige Erde umtopfen.

Vermehrung
Am einfachsten und schnellsten lassen sich Warzenkakteen durch Kindel vermehren.

Bekannte Arten
M. bocasana (Mexiko) Kaktus, der mit der Zeit große kissenartige Gruppen bildet, mit kräftigen gelblichen, zum Teil hakenförmigen Dornen sowie seidigen weißen Haaren bedeckt ist und cremefarbene Blüten besitzt. **M. bombycina** (Mexiko) mit säulenförmigem Körper, sehr wolligen jungen Areolen und blaßpurpurnen Blüten. **M. elongata** (Mexiko) mit zumeist aufrecht wachsenden, säulenförmigen, dicht mit Dornen besetzten Trieben, die ein dichtes „Kissen" bilden, und kleinen, weißen, unscheinbaren Blüten. **M. hahniana** (Mexiko) Eine kugelförmige, gruppenbildende Pflanze, mit langen „Haaren" und weißen Dornen sowie rosaroten, trichterförmigen Blüten, die an der Spitze des Stammes kranzförmig angeordnet sind. **M. prolifera** (Westindische Inseln) gelb blühender, kugel- oder säulenförmiger Kaktus, der mit der Zeit große „Kissen" bildet. Ein robuster Kaktus, der leicht blüht und sich gut für Anfänger eignet. **M. zeilmanniana** (Mexiko) gruppenbildender, dicht mit weißen Dornen besetzter Kaktus mit glockenförmigen, tief violettroten oder weißen Blüten.

Oben: *Mammillaria bombycina*
Unten: *M. zeilmanniana*

Maranta

Marante

HSt/G/F

Maranta leuconeura 'Kerchoveana'

Maranten sind wunderschöne Blattpflanzen, die zum Kauf verführen, leider aber schwer zu halten sind. Als Zimmerpflanzen werden meist Sorten von *M. leuconeura* gezogen, einer in Brasilien heimischen Art.

Pflege

In der Zeit von März bis September sollten Maranten reichlich, in der übrigen Zeit eher mäßig mit weichem Wasser gegossen und des öfteren besprüht werden. Während des Sommers düngt man vierzehntägig und entfernt regelmäßig vergilbte Blätter.

Umgepflanzt wird, wenn dies nötig ist (wahrscheinlich alle zwei Jahre) in eine Erde auf Torfbasis.

Kleinere Pflanzen lassen sich auch in einem Flaschengarten ziehen.

Vermehrung

Zur Vermehrung die Pflanzen im Frühjahr teilen.

Bekannte Arten

M. leuconeura (Brasilien) mit aufrecht stehenden, ovalen Blättern, die sich nachts zusammenfalten. Junge Blätter sind grün und weisen bräunlich-purpurne Flecken zwischen den Seitenadern auf; ältere Blätter sind graugrün gefärbt und besitzen dunklere Flecken. Es gibt eine Reihe verschiedener Sorten, von denen 'Kerchoveana' (mit leuchtendgrüner, dunkelgrün oder dunkelpurpurn gefleckter Blattoberseite), 'Massangeana' (mit dunkelgrünen, weiß geäderten, unterseits blaßlila gefärbten Blättern) und 'Erythrophylla' (mit hell- und dunkelgrün gemusterten,von dunkelkarmesinroten Adern durchzogenen Blättern) besonders beliebt sind.

Mimosa

Mimose

HSt/W/HT

Die hier beschriebene Mimose oder Schamhafte Sinnpflanze *(Mimosa pudica)* ist nicht identisch mit der gelbblühenden Gärtnermimose *(Acacia dealbata)*. Hier geht es vielmehr um eine strauchartige Blattpflanze, die in erster Linie wegen des interessanten Verhaltens ihrer Blätter gezogen wird, die auf Berührungsreiz reagieren (am ausgeprägtesten bei etwa 24° C).

Pflege

Mimosen sollten im Haus nur einjährig kultiviert werden. Man hält sie immer feucht und besprüht die Blätter, um eine feuchte Atmosphäre zu schaffen. Wichtig ist ein heller, aber vor zu intensiver Sonnenstrahlung geschützter Standort. Während des Sommers alle vierzehn Tage düngen und umtopfen, wenn nötig.

Mimosa pudica

Vermehrung
Mimosen lassen sich durch Stecklinge vermehren, werden aber für gewöhnlich jedes Jahr neu aus Samen gezogen, da ältere Pflanzen im Haus unschöne lange, dünne Triebe entwickeln. Ausgesät wird im Frühling, am besten in einen Vermehrungskasten, der die nötige Wärme liefert.

Bekannte Arten
M. pudica Schamhafte Sinnpflanze (Brasilien) mit blaßgrünen, doppelt gefiederten Blättern, die sich bei Berührungsreiz zusammenfalten und nach unten senken. Nach etwa 30 Min. sind die Blätter wieder in ihrer normalen Stellung.

Monstera

Fensterblatt

HSt–Sch/G/F–HT

Monstera deliciosa

Die Arten der Gattung Fensterblatt sind hauptsächlich im tropischen Amerika beheimatet, wo sie überwiegend als Epiphyten leben. Der Name ist wahrscheinlich vom lateinischen *monstrum* (Ungetüm) abgeleitet, weil man die Pflanzen wegen ihrer geschlitzten, durchlöcherten Blätter vermutlich einst monströs fand. Heute schätzt man sie dagegen sehr, weil sie sich mit ihren kräftigen dekorativen Formen gut zur Einzelstellung eignen.
Bei den Namen gibt es einige Verwirrung. *M. deliciosa* wird bisweilen als *Philodendron pertusum* angeboten, was besonders irreführend ist, da manchmal auch eine Sorte von *M. deliciosa,* nämlich *M. deliciosa* 'Borsigiana', als *M. pertusa* angeboten wird. Dies ist jedoch alles halb so schlimm, weil alle Arten (Sorten) als Zimmerpflanzen gleichermaßen dekorativ sind.

Pflege
Das Fensterblatt erträgt Schatten, bildet aber an einem hellen Standort größere, gesündere und interessanter geformte Blätter aus. Es gedeiht am besten in einer feuchten Atmosphäre, wenn die Blätter regelmäßig besprüht werden, überdauert aber auch bei geringerer Luftfeuchtigkeit. Die Luftwurzeln können der Pflanze Halt verschaffen, wenn man sie an einem Moosstab emporwachsen läßt; zum Überleben der Pflanze sind sie jedoch nicht notwendig.
Kleine Pflanzen sollten jedes Frühjahr umgepflanzt werden. Gedüngt wird vom Frühling bis zum Herbst alle vierzehn Tage.

Vermehrung
Zu lang gewordene Pflanzen lassen sich verjüngen, indem man den oberen Teil des Haupttriebes abmoost und wieder einpflanzt. Mehrere Pflanzen erhält man, wenn man im Sommer aus den Spitzen neuer Triebe Kopfstecklinge macht oder aus einem Stammstück Blattknospenstecklinge herstellt. An jedem Blattknospensteckling sollte noch ein Blatt sitzen, das wie bei entsprechenden Stecklingen vom Gummibaum *(Ficus elastica)* eingerollt werden kann, um zu großen Feuchtigkeitsverlust zu vermeiden.

Bekannte Arten
M. deliciosa *(Philodendron pertusum)* (Mexiko) mit großen, glänzenden, zunächst herzförmigen, dann fiedrig gelappten und fensterartig durchbrochenen Blättern, die bis zu 100 cm lang werden können. Die Kultursorte 'Borsigiana' ist kleiner und besitzt nur halb so große Blätter wie die ursprüngliche Art. Sie eignet sich daher besser für die Zimmerkultur. **M. pertusa** *(M. adansonii)* (tropisches Amerika) wie M. deliciosa, nur mit etwa 30 cm breiten Blättern und ziemlich langsamem Wuchs.

Narcissus

Narzisse

HSt/K/HT

Narcissus

Narzissen müssen nicht beschrieben werden, da sie jeder kennt. Sie im Haus zu ziehen, ist jedoch nicht so einfach, wie man vielleicht denkt. Zu wenig Licht oder zu viel Wärme zur falschen Zeit bewirken leicht, daß die Blätter und Stengel ~~zu~~ lang werden, sich umlegen und häßlich aussehen.

Keine Probleme gibt es dagegen, wenn man blühende Pflanzen oder, noch besser, Pflanzen mit noch geschlossenen Knospen kauft. Sie lassen sich wie haltbare Schnittblumen behandeln mit dem Vorteil, daß die Zwiebeln nach der Blüte im Garten ausgepflanzt werden.

Pflege

Topfpflanzen, die beim Kauf bereits Blüten angesetzt haben, machen keine Schwierigkeiten. Sie halten am längsten, wenn man sie an einen kühlen Ort stellt und gleichmäßig feucht hält.

Selbst pflanzen kann man entweder vorbehandelte, früh blühende Zwiebeln (im Oktober) oder normale, später blühende Zwiebeln (im September oder Oktober). Sie werden in Blumentöpfe mit normaler Erde gesetzt (die Spitzen der Zwiebeln müssen noch aus der Erde ragen) und dann wie Hyazinthen (*siehe* Seite 54) weiterbehandelt.

Vermehrung

Narzissen lassen sich nicht im Haus vermehren.

Bekannte Arten

In Töpfen werden meist Hybriden gezogen. Geeignete Sorten sollte man sich aus einem guten Zwiebel-Katalog aussuchen. Zwei Sorten, die traditionell im Haus getrieben werden und sehr früh blühen, sind 'Soleil d'Or' und 'Paper White'; daneben gibt es aber auch einige großblütige Osterglocken, die sich für diesen Zweck eignen. 'Paper White' wird manchmal in einer flachen, wassergefüllten Schale auf Kieselsteinen angetrieben.

Neoregelia

Neoregelie

HSt/G/HT–F

In ihrer Heimat wachsen diese Bromelien auf Ästen von Urwaldriesen. Ihre riemenförmigen Blätter formen eine Rosette, deren Inneres in leuchtenden Farben erstrahlt. Während die farbigen Blätter auf den ersten Blick wie eine Blüte aussehen, bleiben die eigentlichen Blüten im Inneren des zentralen Blatttrichters fast verborgen.

Pflege

Da Bromelien nach der Blüte absterben, kann man von einer Pflanze, die man in blühendem Zustand kauft, nicht erwarten, daß sie in den folgenden Jahren wieder blüht. Ableger, die sich meistens schon an der Basis einer älteren Pflanze gebildet haben, brauchen jedoch einige Jahre Pflege unter Gewächshausbedingungen, bis sie selbst Blüten treiben. Es ist daher besser eine verblühte Pflanze wegzuwerfen. Gegossen wird mit weichem Wasser (Trichter ebenfalls füllen !) und regelmäßig besprüht.

Vermehrung

Neoregelia im Haus zu vermehren, ist nicht sinnvoll, da man die jungen Rosetten zwei bis drei Jahre lang in hellem Licht und unter feuchtheißen Bedingungen aufziehen muß. Will man Ableger dennoch einpflanzen, sollte man sie in eine Mischung aus drei Teilen Rhododendronerde und einem Teil scharfem Sand setzen.

Bekannte Arten	
N. carolinae (Brasilien) mit breiten, glänzendgrünen Blättern, die eine flach ausgebreitete Rosette bilden. Sobald sich ein Blütenstand bildet, färben sich die Blätter im Herzen der Rosette rot.	**N. spectabilis** (Brasilien) mit langen, dunkelgrünen Blättern, die an ihrer Unterseite weiße Streifen aufweisen und sich zur Blütezeit an den Spitzen rot färben.

Neoregelia carolinae 'Tricolor'

Nephrolepis

Schwertfarn

HSt/G/HT

Nephrolepis exaltata

Farngattung, die mit etwa 30 Arten über alle tropischen Regionen der Erde verbreitet ist. Von wirtschaftlicher Bedeutung ist vor allem N. exaltata, eine Farnart, die in großer Zahl als Zimmerpflanze verkauft wird. Sie ist relativ pflegeleicht, beansprucht aber dennoch ein gewisses Maß an Fürsorge.

Pflege

Wenige Farne fühlen sich, auch bei guter Pflege, im Haus wirklich wohl – der Schwertfarn bildet hier keine Ausnahme. Er hat jedoch eine akzeptable Lebenserwartung, wenn man seine Erde gleichmäßig feucht hält, ihn regelmäßig mit einem schwachen (nicht normal konzentrierten) Dünger versorgt und ihm einen hellen aber nicht sonnigen Standort zuweist. Schwertfarn sollte möglichst täglich besprüht und nur mit weichem Wasser gegossen werden.

Vermehrung

Junge Pflänzchen, die sich an Ausläufern bilden, können jederzeit von der Mutterpflanze getrennt und separat eingepflanzt werden. Im kommerziellen Bereich verwendet man zur Vermehrung von Schwertfarn in großem Umfang Gewebekulturen, da sich die Pflanzen nicht sortenrein aus Sporen ziehen lassen.

Bekannte Arten	
N. exaltata (Tropen) mit gefiederten Wedeln, die an ausgewachsenen Pflanzen über 60 cm lang werden können. Verschiedene Sorten mit unterschiedlichen	Blattformen wie z.B. 'Teddy Junior' (mit gekräuselten Fiederblättern) und die bekannten Boston-Farne, Sorte 'Bostoniensis' (mit breiten Wedeln).

Nertera

Korallenbeere

HSt/K/HT

Nertera granadensis

Pflanzengattung, von der es insgesamt acht, zumeist in Berggegenden beheimatete Arten gibt. Nur eine dieser Art wird als Zimmerpflanze kultiviert, denn sie bildet große, dekorative, recht dauerhafte Beeren.

Pflege

Die Korallenbeere wird meistens in fruchtendem Zustand gekauft. Man sollte sie an einen kühlen Ort stellen, damit die Beeren länger halten.

Es lohnt sich, die Pflanze nach Blüte und Fruchtbildung weiterzuziehen. Bei richtiger Pflege wird sie nämlich im April blühen (bei einer Temperatur von etwa 13° C) und während des Sommers (am besten draußen) ihre Früchte ausbilden.

Während des Sommers sollte die Erde immer feucht bleiben. Gegossen wird mit weichem (kalkfreiem) Wasser. Um Fäulnis zu vermeiden, kann man die Korallenbeere von unten mit Wasser versorgen.

Vermehrung

Hierzu wird eine große Pflanze im Frühjahr beim Umtopfen geteilt.

Bekannte Arten
N. granadensis *(N. depressa)* (Südamerika, Neuseeland, Australien) mit winzigen (4–6 mm breiten) grünen Blättern, unscheinbaren Blüten und vergleichsweise großen, runden, glänzend orangeroten Beeren, die die ganze kissenartig wachsende Pflanze bedecken können.

Nidularium

Nestrosette

HSt/K/HT

Gattung der Bromelien mit 22 in Brasilien heimischen Arten, die im Regenwald auf verrottenden Baumstümpfen und niedrigen Ästen wachsen. Bislang wurden gewöhnlich Arten wie *N. innocentii* kultiviert; zu ihnen gesellen sich nun auch Hybriden wie *N. 'Citrinum'* (mit gelbem Schauapparat).

Pflege

Nidularium benötigt einen hellen Standort ohne direkte Sonne, eine stets feuchte Erde und hohe Luftfeuchtigkeit, insbesondere im Sommer.

Nidularium

Vermehrung
Ist nur möglich, wenn ein warmes Gewächshaus zur Verfügung steht, um die Kindel, die sich an einer ausgewachsenen Pflanze gebildet haben, nach deren Absterben (nach der Blüte) über einige Jahre hinweg betreuen zu können.

Bekannte Arten
N. innocentii (Brasilien) mit einer Rosette aus riemen förmigen, metallisch schimmernden, dunkelgrünen Blättern, deren Inneres sich leuchtend kupferrot färbt, wenn die grünlich-weißen Blüten erscheinen.

Notocactus

Buckelkaktus

S–HSt/K/HT–T

Notocactus leninghausii

Gattung, die fünfzehn meist an steinigen Hängen wachsende Kaktus-Arten umfaßt. Der Buckelkaktus läßt sich leicht ziehen und blüht üppig – sogar, wenn er noch jung ist. Da er im Winter Wärme verträgt, ist er auch leichter zum Blühen zu bringen, als andere Kakteen, deren Blütenbildung durch eine Kälteperiode angeregt werden muß.

Pflege
Im Gegensatz zu anderen Kakteen blüht *Notocactus* trotz leichten Schattens und winterlicher Wärme. Dennoch sollte man ihn über Winter in einem Raum halten, dessen Temperatur kaum über 10° C ansteigt.
Im Sommer sollte gegossen werden, sobald die Erde auszutrocknen beginnt; im Winter gibt man nur gelegentlich etwas Wasser. Gedüngt wird hin und wieder während des Sommers. Junge Pflanzen jedes Frühjahr in Kaktuserde oder eine Erde auf Lehmbasis umpflanzen.

Vermehrung
Einige Arten bilden Seitentriebe, die man von der Mutterpflanze trennen und einpflanzen kann, nachdem man sie eine Woche lang hat austrocknen lassen. Meist wird *Notocactus* jedoch durch Aussaat vermehrt.

Bekannte Arten
N. apricus (Uruguay) mit hellgrünem, kugeligem Körper, der in 15–20 flache, eingekerbte Rippen unterteilt ist, auf denen die gelblichen und rötlichen Dornen entspringen. Die breit-trompetenförmigen Blüten sind bis zu 7,5 cm lang und gelb.
N. concinnus (Brasilien, Uruguay) mit breit-kugeligem, an der Oberseite etwas abgeflachtem, glänzendgrünem Körper, der in 18 eingekerbte, mit borstigen, gelblichen Dornen besetzte Rippen unterteilt ist. Die bis zu 10 cm langen Blüten sind außen rot und innen gelb gefärbt.
N. leninghausii (Brasilien) mit säulenförmigen, hellgrünen Stämmen, die für gewöhnlich ganze Gruppen bilden und 20–30 mit feinen gelblichen Dornen besetzte Rippen aufweisen. Die Blüten sind außen grün, innen zitronengelb gefärbt und etwa 2,5 cm breit; sie bilden sich jedoch nicht so bereitwillig wie die Blüten anderer Arten.
N. mammulosus (Argentinien, Uruguay) mit meist kugeligen Stämmen, die in 18–20 tief eingekerbte Rippen unterteilt sind, sowie gelben, außen rötlich gefärbten Blüten.
N. ottonis (Brasilien, Argentinien, Paraguay, Uruguay) mit einem oder mehreren, dunkelgrünen, kugeligen oder säulenförmigen Sprossen, die 10–12 abgerundete, mit gelblich- und rötlichbraunen Dornen besetzte Rippen aufweisen sowie bis zu 10 cm langen, gelben Blüten.

Opuntia

Feigenkaktus

S/K/HT–T

Die Gattung der Feigenkakteen ist mit über 200 Arten über den ganzen amerikanischen Kontinent verteilt und sehr vielgestaltig. Einige Arten mit großen flachen, mit Dornen besetzten Stammgliedern haben sich inzwischen auch in den warmen Regionen Europas eingebürgert.

Pflege

Opuntien brauchen während des Sommers viel Sonne. Sie sollten daher an einem sonnigen Südfenster stehen oder die warme Jahreszeit an einer geschützten Stelle im Freien verbringen, wo sie auch gelegentlich gedüngt werden. Den Winter sollten Feigenkakteen dagegen an einem kühlen Platz verbringen.

Gegossen wird so, daß die Erde weder im Sommer noch im Winter ganz austrocknet.

Umgepflanzt wird in Kaktuserde oder eine Erde auf Lehmbasis.

Vermehrung

Feigenkakteen werden durch Stecklinge vermehrt. Ganze Stammglieder oder Teile werden ein bis zwei Tage lang getrocknet und dann in Erde gesteckt. Im Frühling verwendet man Pflanzenteile, die im Jahr zuvor gewachsen sind, im Sommer solche, die aus dem gleichen Jahr stammen.

Opuntia rufida

Bekannte Arten

O. macrodasys (Mexiko) ein buschig verzweigter Kaktus mit blaßgrünen, ovalen, 7,5–15 cm langen Gliedern und gelben Blüten, die sich selten in Zimmerkultur bilden. Es gibt viele Sorten dieser Art.

O. robusta (Mexiko) mit dicken, fast runden, blaugrünen, bis über 20 cm breiten Gliedern.

O. rufida (Mexiko) Kaktus ähnelt O. macrodasys, besitzt aber kürzere und dickere, blaugrüne Glieder und trichterförmige, gelbe oder orangerote Blüten.

Oxalis rubra

Oxalis

Sauerklee

S/K/HT

Wer schon mal Sauerklee als Unkraut im Garten hatte, mag sich fragen, warum diese Pflanze von manchen Leuten im Zimmer kultiviert wird. *Oxalis* ist zwar keine ideale Topfpflanze, aber doch eine nette, wenn auch kurzlebige Dekoration. *O. deppei* wird besonders um die Neujahrszeit gern verschenkt, weil seine Blätter vierblättrigen Kleeblättern ähneln, die Glück bringen sollen.

Pflege

Im Herbst werden die Knollen von *Oxalis* bisweilen im Handel angeboten. Man pflanzt sie zu viert oder sechst

5 cm tief in einen Topf mit lehmhaltiger Erde. Während der Wachstumszeit wird sparsam gegossen (außer, wenn es sehr warm ist) und wöchentlich gedüngt. Zu Beginn der Ruhezeit verwelken die Blätter und sterben ab. Man gießt allmählich weniger, bis die Erde fast ganz trocken ist. Sobald sich neues Leben regt, wird wieder normal gegossen.

Oxalis kann im Sommer ins Freie gestellt werden.

Vermehrung

An einer ausgewachsenen Pflanze bilden sich Brutknollen, die dann leicht zur Vermehrung eingesetzt werden können.

Bekannte Arten

O. bowiei *(O. bowieana, O. pupurata bowiei)* (Südafrika) mit langstieligen, kleeähnlichen Blättern und rosafarbenen Blüten.

O. deppei „Glücksklee" (Mexiko) mit langstieligen, vierzähligen, purpurbraun gezeichneten „Kleeblättern", die sich im Dunkeln zusammenfalten, sowie rosaroten Blüten.

O. rubra (Mexiko): Ähnlich wie *O. deppei,* jedoch nicht so weit verbreitet.

Pachystachys

Gelbe Beloperone

HSt–S/G/F

Pflanzengattung von der nur die Art *P. lutea* als Zimmerpflanze kultiviert wird. Sie besitzt attraktive, aufrecht stehende Blütenstände, die mit ihren gelben Hochblättern und den dazwischen stehenden weißen Blüten an die Blütenstände von *Aphelandra* erinnern, in ihrer Form aber auch den Blütenständen von *Beloperone guttata* ähnlich sind.

Pflege

Um zu gedeihen, braucht *Pachystachys* viel Wärme, Feuchtigkeit (täglich besprühen !) und einen hellen Standort. Gutes Licht sorgt nämlich dafür, daß die Pflanze eine kompakte Wuchsform behält. Im Frühjahr werden die Triebe etwas zurückgeschnitten; wenn die Pflanze wieder auszutreiben, wird alle vierzehn Tage gedüngt. Bei jungen, aus Stecklingen gezogenen Pflanzen werden die Triebspitzen mehrmals entfernt, um ein buschiges Wachstum zu fördern.

Vermehrung

Von nicht blühenden Trieben lassen sich im Frühling oder Sommer Stecklinge schneiden.

Bekannte Arten

P. lutea (Mexiko, Peru) mit glänzendgrünen, lanzettlichen Blättern, deren Adern deutlich ausgeprägt sind, sowie langen, aufrecht stehenden Blütenständen mit weißen Blüten zwischen goldgelben Hochblättern.

Pachystachys lutea

Parodia

Parodie

S/K/T

Gattung, die etwa 40 in Argentinien, Bolivien, Brasilien und Paraguay beheimatete Kakteen umfaßt und nach Parodi, einem Botaniker aus Paraguay, benannt wurde.

Die Arten, die vom Handel angeboten werden, sind meist leicht zu ziehen und so auch für Anfänger geeignet. Günstig ist auch, daß sie bereits in jungem Stadium blühen.

Pflege

Parodia sollte im Sommer einigermaßen feucht, im Winter aber trocken gehalten werden. Wenn möglich, wird weiches Wasser zum Gießen verwendet und einmal monatlich gedüngt. Umgepflanzt wird in Kaktuserde oder eine Erde auf Lehmbasis.

Vermehrung

Dieser Kaktus wird meist aus Samen aufgezogen, da er nur wenig Kindel bildet. Die Aufzucht ist im Haus jedoch nur sehr schwer zu bewerkstelligen; Züchter pfropfen die Sämlinge zudem oft auf andere Kakteen auf.

Bekannte Arten
P. chrysacanthion (Argentinien) kleiner kugeliger Kaktus mit spiralförmig verlaufenden, mit gelben Dornen besetzten Rippen und gelben Blüten. **P. mairanana** ebenfalls kugelfömiger Kaktus mit spiralförmig verlaufenden Rippen sowie apricotfarbenen Blüten im Juli und August. **P. microsperma** (Argentinien) kleiner, runder Kaktus (der sich im Alter streckt) mit zahlreichen, spiralig angeordneten Rippen und orangefarbenen oder gelben Blüten. **P. sanguiniflora** Kaktus mit spiralig verlaufenden Rippen und roten Blüten.

Parodia mairanana

Pelargonium

Pelargonie („Geranie“)

S/K/HT

Pelargonien sind schon sehr lange als Topfpflanzen beliebt und gedeihen sowohl im Haus als auch im Freien. Obwohl sie zumeist als „Geranien“ bezeichnet werden, dürfen sie nicht mit Arten der Gattung *Geranium* (Storchschnabel) verwechselt werden. Die heute zahlreichen Pelargoniensorten werden in mehrere große Gruppen eingeteilt: die *P.-Zonale*-Hybriden (Zonal- oder Gürtelpelargonien), hängende *P.-Peltatum*-Hybriden (Efeupelargonien oder Hängegeranien), *P.-Grandiflorum*-Hybriden (Edelpelargonien) sowie Pelargonien mit duftenden Blättern.

Pelargonium 'Decorator'

Pflege

Geranien brauchen viel Sonne und nehmen es nicht allzu übel, wenn die Erde gelegentlich etwas austrocknet. Während der Sommermonate werden die Triebspitzen entfernt, um buschiges Wachstum zu fördern, und es wird alle vierzehn Tage gedüngt.
Im Winter brauchen die Pflanzen nur wenig Wasser. Die optimale Überwinterungstemperatur ist abhängig von der Sorte. Frost oder Temperaturen knapp über 0° C werden allerdings nicht vertragen. Edel- und Duftpelargonien brauchen mindestens 7° C.
Edelpelargonien überwintern ganz (wenn man große Pflanzen erhalten möchte) oder in Form von Stecklingen, die im August geschnitten und direkt eingepflanzt werden.
Duftpelargonien können den Winter auch in einem warmen Raum verbringen, müssen dann jedoch im Frühling beschnitten und eventuell auch umgetopft werden.

Vermehrung

Aus Samen gezogene Pelargonien eignen sich meist nicht als Hauspflanzen. Die Vermehrung erfolgt daher in der Regel über Stecklinge.

Bekannte Arten
P.-Grandiflorum-Hybriden Edelpelargonien (Kultursorten) mit bis zu 8 cm breiten, etwas rauhen, an den Rändern leicht gelappten und gezähnten Blättern sowie in Dolden stehenden 4–6 cm breiten, meist rosa- oder lilafarbenen Blüten, deren Kronblätter im unteren Bereich stets dunklere Flecke aufweisen. **P. graveolens** Rosenpelargonie (Südafrika) mit tief eingeschnittenen, handförmig gelappten Blättern, die beim Zerreiben duften, und kleinen rosaroten Blüten mit violetten Flecken auf den oberen Kronblättern. Die Sorte 'Variegatum' hat weißgeränderte Blätter. Neben der Rosenpelargonie gibt es noch eine ganze Anzahl anderer duftender *Pelargonium*-Arten (auch mit gemusterten Blättern).

Pellaea

Pellefarn

HSt/G/HT–T

Eine große Farngattung, deren Mitglieder hauptsächlich in den Trockengebieten Südamerikas, Südafrikas und Neuseelands vorkommen. Ungewöhnliche Pflanzen, die an trockenen Stellen, z.B. auf Felsen wachsen.

Pflege

Pellaea muß im Gegensatz zu anderen Farnen nicht besprüht werden. Wasser wird am besten von unten zugeführt. Die Erde sollte feucht, aber nicht zu naß sein, im Sommer muß vierzehntägig gedüngt werden.
Da dieser Farn nur einen kleinen Wurzelballen ausbildet, muß er selten umgepflanzt werden.

Vermehrung

Pellaea kann durch Sporen oder durch die Teilung einer ausgewachsenen Pflanze vermehrt werden.

Bekannte Arten
P. rotundifolia (Neuseeland, Norfolk Inseln) mit schmalen, dunkelgrünen Wedeln, die aus kleinen, ledrigen, runden oder ovalen Fiederblättchen bestehen.

Pellaea rotundifolia

Peperomia

Zwergpfeffer (glattblättrige Arten)

HSt–Sch/W/HT

Die Gattung *Peperomia* umfaßt über 1000 Arten, die vorwiegend in den tropischen und subtropischen Regionen Amerikas beheimatet sind. Einige von ihnen eignen sich als Zimmerpflanzen, obwohl sie wegen ihrer tropischen Herkunft nicht ganz pflegeleicht sind. Die hier beschriebenen Arten besitzen glatte, glänzende Blätter; Arten mit runzeligen Blättern werden nachfolgend behandelt.

Pflege

Glattblättrige Zwergpfeffer-Arten vertragen keine direkte Sonne. Sorten mit panaschierten Blättern benötigen allerdings einen helleren Standort, da sonst ihr Muster verblaßt.

Vor allem im Winter darf nicht zu reichlich gegossen werden. Gedüngt wird einmal im Monat zwischen Frühling und Herbst. Die Pflanzen gedeihen gut in torfhaltiger Erde.

Vermehrung

Im Frühling oder Sommer werden Sproßstecklinge von mindestens 7,5 cm Länge geschnitten.

Bekannte Arten

P. clusiifolia *(P. obtusifolia clusiifolia)* (Westindische Inseln) Pflanze ähnelt *P. obtusifolia;* ihre Blätter sind jedoch länglicher und besitzen eine roten Rand. Die Sorte 'Jeli' ist grün und rosa gemustert.

P. obtusifolia *(P. magnoliifolia)* (Westindische Inseln) mit etwa 5 cm langen, fleischigen, glänzenden Blättern. Eine der beliebtesten Arten, die oft in gemischten Arrangements verwendet wird. Meist werden Sorten mit gemusterten Blättern gezogen, wie z.B. 'Variegata' (cremefarbenes oder gelbes Blattmuster), 'Green Gold' oder 'USA' (noch kräftiger ausgeprägtes Muster). Die Art wird manchmal noch unter dem alten Namen *P. magnoliifolia* (oder *P. magnoliaefolia*) angeboten.

Peperomia obtusifolia 'Variegata'

Peperomia

Zwergpfeffer (Arten mit runzeligen Blättern)

HSt–Sch/W/HT

Wie bereits erwähnt, ist die Gattung *Peperomia* sehr umfangreich. Da zu ihr Pflanzen mit recht unterschiedlichem Erscheinungsbild gehören, werden Arten mit runzeligen Blättern hier getrennt behandelt. Die meisten Zwergpfeffer-Arten eignen sich sehr gut zur Bepflanzung von Flaschengärten oder für gemischte Gruppen aus Pflanzen, die extra gleiche Wachstumsbedingungen brauchen.

Peperomia griseoargentea

Pflege
Peperomia verträgt keine direkte Sonne. Sorten mit gemusterten Blättern brauchen jedoch hellere Wachstumsbedingungen, da ihr Muster sonst leidet. Besonders im Winter darf nicht zu viel gegossen werden. Zwischen Frühling und Herbst sollte einmal im Monat gedüngt werden. Zwergpfeffer gedeiht gut in torfhaltiger Erde.

Vermehrung
Am besten durch Blattstecklinge vermehren. Verwendet werden junge, voll entwickelte Blätter, die man mit dem Stiel in Blumentopferde steckt.

Bekannte Arten

P. caperata (tropisches Amerika) mit dunkelgrünen, herzförmigen, stark runzeligen, etwa 2,5 cm langen Blättern, blaßrosa gefärbten Blatt- und Blütenstielen sowie über die Blätter hinausragenden, dünnen, weißen Blütenähren.

P. griseoargentea *(P. hederifolia)* (Brasilien) wie *P. caperata,* nur mit größeren, graugrünen Blättern, deren Adern dunkler gefärbt sind. Die Art wird oft noch unter ihrem alten Namen *P. hederifolia* angeboten.

Pereskia

Pereskie

S/G/HT–T

Sehr interessante Pflanzen, da es sich bei ihnen um nicht sukkulente Kakteen handelt, die zwar einige Dornen besitzen, ansonsten aber wie ganz normale Pflanzen über Blätter verfügen.

Pflege
Am schönsten ist die Blattfärbung in voller Sonne. Im Sommer wird normal gegossen und vierzehntägig gedüngt; im Winter gibt man weniger Wasser (insbesondere, wenn die Blätter abfallen).
Mit der Zeit entwickeln sich große, stark verzweigte Pflanzen, die meist gestützt oder hochgebunden werden müssen.

Vermehrung
Pereskia kann entweder im Frühling ausgesät oder über halbreife Stecklinge vermehrt werden, die man im Sommer schneidet und Wurzeln treiben läßt.

Bekannte Arten

P. aculeata (Florida, Westindische Inseln, Mexiko, Argentinien) kletternder Strauch (diese Wuchsform macht sich bei kleinen Pflanzen noch nicht bemerkbar) mit lanzettlichen, blaßgrünen Blättern, schönen „Kaktusblüten" und eßbaren Früchten (Barbados-Stachelbeere).

Pereskia aculeata

Philodendron

Kletternde Formen

HSt–Sch/G/HT–F

Philodendron scandens

Die Pflanzengattung *Philodendron* umfaßt etwa 270 Arten, von denen etliche als Zimmerpflanzen große Bedeutung haben. Viele von ihnen können sich in der richtigen Umgebung zu großen, recht auffälligen Gewächsen entwickeln – es gibt aber auch kleinere, pflegeleichte Arten, die in jedes Heim passen, wie z.B. *P. scandens,* von dem es eine ganze Anzahl von Hybriden gibt, die unter ihren Sortennamen angeboten werden.

Pflege

Obwohl die hier beschriebenen *Philodendron*-Arten zeitweise auch ungünstigere Lichtbedingungen ertragen, gedeihen sie doch sehr viel besser an einem hellen Standort (ohne direkte Sonne !). Dies gilt insbesondere für die gemusterten Sorten.

Zum Gießen sollte weiches, möglichst temperiertes Wasser verwendet werden. Die Erde muß das ganze Jahr hindurch feucht gehalten werden; im Winter wird jedoch weniger Wasser gegeben als im Sommer. Wichtig ist auch eine hohe Luftfeuchtigkeit. Die Blätter sollten regelmäßig besprüht werden.

Gedüngt wird alle vierzehn Tage zwischen Frühling und Herbst. Zum Umtopfen verwendet man eine Erde auf Torfbasis. Philodendren werden oft mit einem Moosstab verkauft. Damit dieser nicht unansehnlich wird, muß auch er feucht gehalten werden. Irgendwann wird die Pflanze ohnehin über den Stab hinauswachsen und ein anderes Klettergerüst benötigen.

Vermehrung

Durch Kopfstecklinge, die man im Frühling oder Frühsommer schneidet, oder durch Blattknospenstecklinge (Sproßabschnitte mit ein bis drei Blattknoten). Zu lang gewordene Pflanzen lassen sich durch Abmoosen verjüngen.

Bekannte Arten

P. domesticum *(P. hastatum)* (Brasilien) mäßig wachsende Kletterpflanze mit dunkelgrünen, etwa 18 cm langen, ganzrandigen, pfeilfömigen Blättern.

P. erubescens (Kolumbien) kräftig wachsende, an den Blattknoten Wurzeln bildende Kletterpflanze mit etwa 40 cm langen, pfeilförmigen, dunkelgrün glänzenden, unterseits kupferfarbenen Blättern sowie purpurrot gefärbtem Stamm und Blattstielen. Es gibt Sorten mit mehr grün oder rot gefärbten Blättern.

P. laciniatum (Venezuela, Brasilien) mit glänzendgrünen, langgestielten, tief eingeschnittenen, fast handförmig geteilten Blättern.

P. melanochrysum (Kolumbien) eine Kletterpflanze mit herabhängenden, dunkelgrün samtigen, pfeilförmigen Blättern mit weißen Adern, die die Stengel fast verbergen. Wird auch unter dem Namen *P. melanochryson* geführt.

P. panduriforme (Brasilien) mit etwa 23 cm langen, pfeilförmigen Blättern.

P. scandens (Panama) Kletterpflanze mit grünen, etwa 10 cm langen, herzförmigen, spitz zulaufenden, ledrigen Blättern, auch zur Bepflanzung einer Ampel geeignet. Beliebteste kleinblättrige Art der Gattung und gleichzeitig eine der anspruchlosesten Zimmerpflanzen.

Philodendron

Nicht kletternde Formen

HSt–Sch/G/HT–F

Die kletternden Formen der Gattung *Philodendron* werden auf der vorangehenden Seite beschrieben.

Pflege

Hier beschriebene Arten werden behandelt wie kletternde Arten, nur muß man keine Kletterhilfen zur Verfügung stellen.

Vermehrung

Durch Aussaat (wenn man über ein beheiztes Gewächshaus verfügt) oder Teilung, wenn Seitentriebe vorhanden sind. Diese entwickeln sich auch im Laufe eines Jahres an der Basis der Pflanze, wenn im Frühsommer die Triebspitze entfernt wird.

Oben rechts: *Philodendron bipinnatifidum*

Bekannte Arten	
P. bipinnatifidum (Brasilien) eine robuste Pflanze mit dunkelgrünen, etwa 40 cm langen und breiten, langstieligen, in einer lockeren Rosette angeordneten, tief eingeschnittenen Blättern.	**P. selloum** (Brasilien) mit einer Rosette aus großen (bis zu 75 cm langen), herzförmigen, leuchtendgrünen, tief eingeschnittenen und lang gestielten Blättern.

Phoenix

Dattelpalme

HSt–S/K/HT–F

Die echte Dattelpalme, *Phoenix dactylifera,* ähnelt den unten beschriebenen Arten; als beliebte Zimmerpflanzen werden jedoch zumeist *P. canariensis* und *P. roebelenii* gezogen.

Phoenix canariensis

Pflege

Junge Pflanzen sollten vor allzu starker Sonnenbestrahlung geschützt werden, während Pflanzen, die bereits drei oder vier Jahre alt sind, auch kräftige Sonne gut vertragen. *P. roebelenii* muß öfter besprüht werden; *P. canariensis* ist weniger anspruchsvoll.

Im Winter sollte nur gegossen werden, wenn sich die Erdoberfläche trocken anfühlt. Zwischen Frühling und Herbst wird alle zwei Wochen gedüngt.

Kleine Pflanzen topft man jedes Frühjahr in eine lehmhaltige Erde um; bei alten Pflanzen wird dagegen nur die oberste Erdschicht ausgetauscht.

Vermehrung

Dattelpalmen werden aus Samen gezogen – im Haus eine langwierige und nicht ganz einfache Angelegenheit.

Bekannte Arten	
P. canariensis (Kanarische Inseln) eine robuste Pflanze mit dickem Stamm und bis 90 cm langen, dunkelgrünen, fein gefiederten Wedeln, die zunächst aufrecht wachsen, dann aber überhängen.	**P. roebelenii** (Ostasien). Eine Miniaturpalme mit kurzem, schlankem Stamm und einem dichten Schopf aus sehr fein gefiederten, nur bis 60 cm langen, dunkelgrünen Wedeln.

Pilea

Kanonierblume

HSt/G/F–HT

Pilea cadierei

Zur Gattung *Pilea* gehören einige hübsch anzusehende Zimmerpflanzen, die gern gezogen werden, obwohl sie im Haus meist relativ schnell degenerieren und ihre Attraktivität verlieren.

Pflege

Großblättrige Formen brauchen einen hellen Standort, damit ihre Triebe nicht zu lang und dünn werden. Wichtig ist auch eine hohe Luftfeuchtigkeit. Im Sommer wird reichlich, im Winter jedoch sehr viel weniger gegossen. Zwischen Frühjahr und Herbst sollte alle vierzehn Tage gedüngt werden.

P. cadierei bildet lange, unschöne Triebe, wenn diese im Frühjahr nicht gekürzt werden. Der Schnitt fördert eine buschige Verzweigung.

Vermehrung

Im Spätfrühling oder Sommer werden Stecklinge geschnitten, die bereitwillig Wurzeln treiben.

Bekannte Arten

P. cadierei (Vietnam) mit breit-lanzettlichen Blättern, deren Spreiten an der Oberfläche erhabene, silberweiße Flecke zwischen den grünen Blattadern aufweisen.

P. involucrata *(P. pubescens)* (tropisches Amerika) mit eiförmigen, tief gefurchten, unterseits purpurroten Blättern.

P. microphylla *(P. muscosa)* (tropisches Amerika) mit winzigen Blättern, die der stark verzweigten Pflanze ein farnartiges Aussehen verleihen; gelblich-grüne Blüten, die Wolken von Blütenstaub von sich schleudern.

P. spruceana (Peru, Venezuela) mit eiförmigen, tief gefurchten, silber- und bronzefarbig gestreiften Blättern ('Norfolk') oder mit bronzegrünen Blättern, die in ihrer Mitte ein breites, silbriges Band aufweisen ('Silver Tree').

Plectranthus

Harfenstrauch

HSt–S/G/HT

Den Arten dieser Gattung wird zu Unrecht wenig Beachtung geschenkt. Sie sind nämlich sehr leicht zu ziehen, da sie wenig Pflege beanspruchen. Rankende Formen zieht man am besten in einer Ampel. Üblicherweise werden drei Harfensträucher zusammengepflanzt, damit die Triebe ringsherum gleichmäßig herabhängen.

Pflege

P. oertendahlii sollte im Sommer vor intensiver Sonne geschützt werden; den anderen Arten schadet Sonne dagegen nicht. Gegossen wird in der warmen Jahreszeit

Plectranthus coleoides 'Marginatus'

reichlich, gedüngt werden muß jedoch im allgemeinen nicht. Man topft Harfenstrauch jedes Frühjahr um und entfernt regelmäßig die Triebspitzen, damit sich die Pflanze buschig verzweigt.
Alte Pflanzen müssen unter Umständen beschnitten werden, damit sie nicht allzu sehr wuchern.

Vermehrung
Kopfstecklinge bilden sehr leicht Wurzeln (sogar in Wasser).

Bekannte Arten
P. coleoides 'Marginatus' etwa 30 cm hohe und breite Pflanze mit 5–6 cm langen, herzförmigen, breit cremeweiß geränderten Blättern. **P. oertendahlii** (Südafrika) kriechende Pflanze mit ca. 5 cm breiten, fast runden Blättern, die von silbernen Adern durchzogen sind. Bildet an den Sproßknoten leicht Wurzeln. **P. parviflorus** *(P. australis)* (Australien) ebenfalls kriechende oder rankende Pflanze mit rein grünen Blättern, die sich gut zur Bepflanzung von Ampeln eignet.

Polyscias

Fiederaralie

HSt/G/F

Zur Gattung *Polyscias* gehören ansehnliche Bäume und Sträucher mit dekorativen, oft auch farbig gemusterten Blättern. Ihre Wuchsform ist aufrecht.
Einige Fiederaralien werden von Züchtereien aus importierten Sproßstücken gezogen.
Bei aus Stecklingen gezogenen Pflanzen werden mehrmals die Triebspitzen entfernt, damit sich eine buschige Wuchsform entwickelt.

Pflege
Am besten entwickeln sich Fiederaralien, wenn man sie häufig besprüht. Zum Sprühen und Gießen wird weiches Wasser verwendet. Gedüngt wird vierzehntägig, im Frühling und Sommer. Zum Umtopfen eignet sich am besten eine Rhododendronerde.

Vermehrung
Im Frühling durch Kopfstecklinge, die man mit Bewurzelungshormon behandelt und in einer feuchtwarmen Atmosphäre (Vermehrungskasten) Wurzeln treiben läßt.

Bekannte Arten
P. balfouriana *(Aralia balfouriana)* (Neukaledonien) reich verzweigte Pflanze mit glänzenden, dunkelgrünen Blättern, die bei älteren Pflanzen aus drei runden, am Rand grob gezähnten Blattfiedern bestehen und bei manchen Sorten, insbesondere an den Blattadern oder -rändern, grau oder gelbgrün gemustert sind.

Polyscias balfouriana

Primula

Primel

HSt/K/HT

Die Gattung *Primula* umfaßt über 500 Arten, die teils winterhart, teils aber auch frostempfindlich sind. Die meisten von ihnen sind ausgesprochen beliebt, weil sie früh im Jahr blühen. Daher auch ihr vom lateinischen *primus* (der erste) abgeleiteter Name.
Als Zimmerpflanzen werden frostempfindliche Formen wie *P. obconica* und *P. malacoides*, daneben aber auch winterharte Formen wie *P. vulgaris* (Kissenprimel) und die *P.-elatior*-Hybriden (Polyanthus-Hybriden) kultiviert. Früher ließen sich *P. vulgaris* (ohne sichtbaren Stengel) und *P. elatior* (mit Stengel) leicht unterscheiden. Die modernen Hybrid-Sorten sind jedoch durch zahlreiche Kreuzungen so verändert, daß es nun auch Elatior-Sorten gibt, die kaum einen Stengel besitzen und daher leicht mit Kissenprimeln zu verwechseln sind.

Pflege

Winterharte Arten werden erst ins Haus gebracht, wenn sie zu blühen beginnen (so werden sie meist auch gekauft). Man stellt sie möglichst kühl, da hierdurch die Blühdauer verlängert wird, entfernt Verblühtes und gießt sie so, daß sie nie austrocknen. Nach der Blüteperiode werden winterharte Primeln in den Garten ausgepflanzt, da sie sich nicht über längere Zeit im Zimmer ziehen lassen.

Frostempfindliche Arten werden meist in Blüte gekauft und halten sich am besten in einem kühlen Raum. Verblühtes sollte stets entfernt und die Erde immer feucht (nicht naß !) gehalten werden. Auch frostempfindliche Primeln sind als Kurzzeitzimmerpflanzen zu betrachten, da man sie nach der Blüte meistens wegwirft.
Um sie weiterzuziehen, braucht man ein Gewächshaus. Die Primeln werden nach der Blütezeit umgetopft, mit weichem Wasser gegossen und gedüngt, sobald sie wieder Blüten ansetzen. Dennoch ist es meist besser, jedes Jahr neue Pflanzen anzuschaffen.

Vermehrung

Primeln werden aus Samen gezogen. Wenn man jedoch nicht über ein Gewächshaus verfügt, um die Sämlinge aufzuziehen, sollte man lieber ausgewachsene Pflanzen kaufen. Alte Pflanzen zu teilen, lohnt sich nicht.

Bekannte Arten

P.-elatior-Hybriden *(P. polyantha)* (Gartensorten) winterharte Pflanzen mit großen, bis 4 cm breiten, blau, rot, rosa oder gelb gefärbten Blüten (mit meist farblich kontrastierendem „Auge"), die in Dolden über den rosettenartig angeordneten Blättern stehen. Resultat vielfältiger Kreuzungen, manchmal auch als *P. polyantha* bezeichnet.
P. x kewensis (Kultursorte) frostempfindliche, oft fein bemehlte Pflanze mit hellgrünen, länglich-eirunden, am Rand gesägten Blättern und in übereinanderstehenden Quirlen angeordneten, gelben Blüten.
P. malacoides Flieder- oder Brautprimel (China) frostempfindliche Pflanze mit blaßgrünen, ovalen, am Rande gekerbten Blättern und meist blaßlila bis rot gefärbten Blüten, die in mehreren Etagen an langen Blütenstengeln übereinander stehen.
P. obconica Becherprimel (China) frostempfindliche Pflanze mit hellgrünen, ovalen, leicht behaarten Blättern und in Dolden angeordneten 2–3 cm breiten Blüten. Blütenfarbe reicht von Rosa über Rot und Violett bis Blau.
Achtung: Die Pflanze kann bei empfindlichen Menschen eine Allergie auslösen. Es gibt aber auch Sorten, die wenig oder gar kein Primin ausscheiden und daher nicht allergieauslösend sind.
P.-vulgaris-Hybriden Kissenprimeln (West- und Südeuropa) winterharte Pflanzen, deren als Topfpflanzen gezogene Hybriden bei weitem kräftiger gebaut sind und farbiger blühen als die Wildsorte. Bestehen aus einer leuchtendgrünen Blattrosette und gelb, rot, blau oder violett gefärbten Blüten mit farblich meist kontrastierendem „Auge", die einzeln an kurzen Stengeln stehen.

Primula obconica

Pteris

Saumfarn

HSt–Sch/G/F

Eine umfangreiche und bedeutende Farngattung mit über 250 Arten, von denen manche als Zimmerpflanzen weit verbreitet sind. Saumfarn wächst in der Natur in feuchten Wäldern. Er läßt sich daher im Haus nur mit viel Aufwand über längere Zeit halten. Bei manchen Hybriden sind die Wedel schön gezeichnet oder fein zerteilt und an der Spitze kammartig gesägt, wie dies bei *P. c.* 'Whimsettii' zu sehen ist.

Pflege

Es lohnt sich, den Farn täglich mit Wasser zu besprühen. Außerdem fühlt sich die Pflanze in einer Gruppe wohler, da dort eine höhere Luftfeuchtigkeit herrscht. Ein warmer, trockener Standort in der Nähe einer Heizung sollte auf jeden Fall vermieden werden.
Da der Wurzelballen nie austrocknen sollte, gibt man im Sommer reichlich kalkfreies Wasser und verabreicht vom Frühling bis zum Herbst wöchentlich einen verdünnten Flüssigdünger. Umgepflanzt wird nur, wenn nötig; man verwendet eine Pflanzerde auf Torfbasis.

Vermehrung

Wenn nur wenige Pflanzen gebraucht werden, ist es am einfachsten, große Pflanzen im Frühling zu teilen. Farn aus Sporen zu ziehen, ist wesentlich schwieriger.

Bekannte Arten

P. cretica (Tropen und Subtropen) mit blaßgrünen, ledrigen Wedeln, die zu beiden Seiten der Mittelrippe in zwei bis sechs - längliche Seitenfiedern unterteilt sind. Es gibt viele Sorten, von denen Albolineata' mit am verbreitetsten ist (Blattfiedern besitzen jeweils einen weißen Mittelstreifen).
P. ensiformis (Indien und China bis Australien) wie *P. cretica*, nur zarter und schlanker mit längeren Blattfiedern. Meist werden gemusterte Sorten wie 'Victoriae' (mit silbriger Zeichnung entlang der Blattadern) und 'Evergemiensis' (wie 'Victoriae', nur stärker gezeichnet) kultiviert.
P. tremula (Neuseeland, Australien) zarter Farn mit fein gefiederten Blättern.

Oben: *Pteris cretica* 'Whimsettii'

Unten: *P.c.* 'Albolineata'

Rebutia

S/K/HT

Eine Gattung kleiner, kugeliger, mit Warzen bedeckter Kakteen, die nach M.P. Rebut, einem Pariser Kakteenhändler, benannt wurde. Die in Argentinien und Bolivien heimischen Pflanzen sind meist recht blühfreudig und sehr beliebt, weil sie schon als junge Pflanze blühen.

Rebutia

Pflege
Ein warmer, sonniger Sommer und ein kühler Winter sind die besten Voraussetzungen, um Rebutia zum Blühen zu bringen. Zwischen November und dem Erscheinen der Blüten (im Frühling) wird nicht gegossen.

Vermehrung
Durch Aussaat sowie durch Kindel, die sich an der Basis des Kaktus bilden und sogleich in sandige Erde gepflanzt werden.

Bekannte Arten
R. chrysacantha (Argentinien) ein bis zu 6 cm hoher Kaktus mit goldgelben Dornen und bis zu 5 cm breiten, roten Blüten. **R. marsoneri** (Argentinien) mit flachkugeligem, dunkelgrünem Stamm und bis zu 4 cm breiten gelben Blüten. **R. minuscula** (Argentinien) eine abgeflachte Kugel mit bis zu 4 cm breiten, roten Blüten. **R. pygmaea** (Bolivien) mit ovalem, olivgrünem bis grauem Stamm und 2–3 cm breiten purpurnen Blüten. **R. xanthocarpa** (Argentinien) kissenbildender Kaktus mit blaßgrünen Stämmen voller weißer Dornen sowie roten Blüten.

Rhipsalidopsis

Scheinrhipsalis

HSt/K–G/F–HT

Blattkakteen, die in den tropischen Wäldern Brasiliens als Epiphyten auf Bäumen leben. Nicht besonders ansehnliche aber leicht zu ziehende Pflanzen, die durch ihre im Frühling erscheinende Blütenpracht bezaubern.

Pflege
Um diese Blattkakteen zum Blühen zu bringen, sollte man sie im Winter kühl halten (am besten bei 10–15° C); der Blühtermin wird durch die Tageslänge beeinflußt.
Nach der Blüte werden die Kakteen in eine lehmfreie

Rhipsalidopsis gaertneri

Erde umgetopft und können den Sommer draußen, an einem geschützten, halbschattigen Platz verbingen. Sie müssen jedoch im Herbst vor den ersten Nachtfrösten wieder ins Haus geholt werden.
Während der Wachstumsperiode wird reichlich gegossen; während der Ruheperiode im Herbst und Winter gibt man jedoch nur soviel Wasser, daß die Erde nicht völlig austrocknet und die Pflanzen nicht zusammenschrumpfen.
Sprühen ist nicht unbedingt notwendig, tut den Blattkakteen jedoch sehr gut.

Vermehrung
Im Spätfrühling (Mai) können Spitzensegmente, die man ein oder zwei Tage lang trocknen läßt, als Stecklinge in Erde gesetzt werden. Aus Samen läßt sich Rhipsalidopsis im Haus kaum aufziehen.

Bekannte Arten

R. gaertneri *(Schlumbergera gaertneri)* Osterkaktus (Brasilien). Kaktus, dessen Sprosse aus zahlreichen, dünnen, flachen, hellgrünen, an den Rändern leicht gekerbten Gliedern bestehen, die die Funktion der Blätter übernehmen. Besitzt leuchtend scharlachrote, sehr prächtige Blüten, die an den Enden der Sprosse entstehen.

Rhoeo spathacea 'Vittata'

Rhoeo

Bootspflanze
HSt/G/HT

Die Gattung besteht aus nur einer, in Mittelamerika heimischen Art, die heute *R. spathacea* heißt, gelegentlich aber noch unter ihrem alten Namen *R. discolor* angeboten wird. Sie besitzt eine gestauchte Sproßachse mit einem endständigen, trichterförmigen Schopf aus breiten, dunkelgrünen, unterseits dunkelroten Blättern und ist giftig.

Pflege
Zwischen Frühling und Herbst normal gießen und alle vierzehn Tage düngen. Die Erde darf auch im Winter nie austrocknen. Umgepflanzt wird im Frühling.

Vermehrung
Durch Stecklinge aus Seitentrieben (bilden sich, wenn die Sproßspitze der Pflanze entfernt wird) oder durch bereits bewurzelte Bodentriebe, die man von der Mutterpflanze trennt. Pflanzen mit zu langer Sproßachse lassen sich durch Abmoosen verjüngen.

Bekannte Arten

R. spathacea *(R. discolor)* (Mittelamarika) mit bis zu 30 cm langen und bis zu 7 cm breiten, unterseits roten Blättern und in den Blattachseln stehenden, von auffälligen Hochblättern umgebenen Blütenständen mit vielen kleinen, weißen Blüten.
Die Sorte 'Vittata' besitzt Blätter mit hellgelben Längsstreifen.

Rhoicissus

Königswein

HSt–Sch/G/HT

Die hier als *Rhoicissus rhomboidea* beschriebene und oft noch unter diesem Namen angebotene Art wird neuerdings von den Botanikern *Cissus rhombifolia* genannt.

Pflege

Königswein verträgt zwar schlechte Lichtverhältnisse, gedeiht aber viel besser an einem hellen, nicht zu warmen Platz. In einer warmen, zentralbeheizten Wohnung sollten die Blätter regelmäßig besprüht werden. Im Sommer wird reichlich gegossen und alle zwei Wochen gedüngt.
Die Pflanze wächst üppig und eignet sich mit ihren dicht herabhängenden Trieben sehr gut für eine Ampel.

Vermehrung

Durch Blattknospen- oder Kopfstecklinge. Meistens werden drei bewurzelte Stecklinge in einen Topf gepflanzt.

Bekannte Arten	
R. capensis Kaplandklimme (Südafrika), Kletterpflanze mit glänzend smaragdgrünen, herzförmigen, am Rand gezähnten und bis zu 15 cm breiten Blättern, deren Unterseite rostbraun gefärbt und filzig behaart ist.	**R. rhomboidea** *(Cissus rhombifolia)* Königsklimme (Mittel- und Südamerika), Kletterpflanze mit dunkelgrün glänzenden, dreizähligen Blättern, deren Abschnitte Rautenform besitzen oder tief gezähnt sind (bei der Sorte 'Ellen Danica').

Rhoicissus rhomboidea 'Ellen Danica'

Rosa

Rose

S/K/HT

Rosen sind keine Zimmerpflanzen. Miniaturformen lassen sich zwar einige Wochen lang als Raumdekoration halten, müssen dann jedoch ins Freie gebracht werden, damit sie nicht eingehen. Sie sollten als „Kurzzeitzimmerpflanzen“ angesehen werden, die den großen Vorteil haben, daß man sie später als schöne, langlebige Gartenpflanzen genießen kann.

Pflege

Rosen, die man später in den Garten pflanzen will, sollten einen hellen, kühlen Standort bekommen, damit sie recht lange blühen.
Will man die Rose als Topfpflanze weiterziehen, so empfiehlt es sich, sie nach der Blüte im Garten mit ihrem Topf in die Erde zu setzen und sie im Frühling

wie eine normale Rose zu beschneiden. Erst wenn sich Blüten gebildet haben, nimmt man die Pflanze wieder ins Zimmer.

Vermehrung

Durch Stecklinge, die man im Freien Wurzeln schlagen läßt. Rosen aus Samen zu ziehen, ist zum einen im Haus kaum möglich und bringt zum anderen keine befriedigenden Resultate.

Bekannte Arten
R. chinensis 'Minima' *(R. roulettii)* Chinesische Rose, Kußröschen (China), die heute angebotenen Miniaturrosen sind Hybriden, die mit einfachen oder gefüllten Blüten zwar den großen Rosen gleichen, sonst jedoch Zwergenformat besitzen.

Rosa 'Anna Ford'

Saintpaulia

Usambaraveilchen

HSt/W/F

Das Usambaraveilchen gehört zu den beliebtesten Zimmerpflanzen. Es braucht jedoch sorgfältige Pflege, um unter Raumbedingungen nicht zu verkümmern. Benannt wurde die in den ostafrikanischen Usambara-Bergen heimische Pflanze nach ihrem deutschen Entdecker, Baron Walter von Saint Paul-Illaire.

Pflege

Die Luftfeuchtigkeit sollte für Usambaraveilchen so hoch wie möglich sein. Dabei dürfen die Blätter jedoch nicht besprüht oder begossen werden, da sich Wassertropfen auf ihrer haarigen Oberfläche sammeln und Schaden anrichten könnten. Gegossen wird mit kalkfreiem Wasser. Ganz wichtig ist dabei, daß die Erde nie zu naß wird. Zu kräftiges Gießen führt nämlich häufig zu Wurzelfäule und damit zum Absterben der Pflanze.
Direkte Sonne sollte gemieden werden, obwohl viel Licht notwendig ist, um die Blütenbildung anzuregen Da Usambaraveilchen sogenannte Langtagspflanzen sind, bringen Züchter sie mit Hilfe künstlich verlängerter Lichtperioden das ganze Jahr über zum Blühen.
Während der Wachstumszeit wird monatlich gedüngt; umgetopft wird jedes Frühjahr. Stecklinge treiben so bereitwillig Wurzeln, daß es sich lohnt, immer einige Jungpflanzen zu ziehen, damit ältere Pflanzen ersetzt werden können.

Saintpaulia ionantha

Vermehrung

Durch Blattstecklinge oder durch Aussaat (hierfür wird allerdings ein Gewächshaus benötigt). Es können auch ältere Pflanzen geteilt werden.

Bekannte Arten
S. ionantha (Zentralafrika) mit einer Rosette aus dunkelgrünen, langstieligen, rundlich-herzförmigen, am Rande flach gekerbten und weich behaarten Blättern sowie locker angeordneten hellbläulich-violetten Blüten. Es gibt auch Sorten (meist Hybriden) mit rosafarbenen, purpurnen, weißen oder dunkelvioletten Blüten, mal gefüllt,mal am Rand gekräuselt oder zweifarbig gemustert.

Sansevieria

Bogenhanf

S/K–G/T

Hübsch anzusehende Wüstenpflanze, die nicht nur sehr trockenresistent ist, sondern auch, im Gegensatz zu den meisten anderen Zimmerpflanzen, pralle Sonne verträgt. Ist wegen der genannten Eigenschaften eine leicht zu kultivierende und ausgesprochen beliebte Topfpflanze.

Pflege

Der Topfballen darf nie zu naß sein; Wasser muß immer frei ablaufen können. Gedüngt wird monatlich, während des Sommers.

Es sollte erst umgetopft werden, wenn der Wurzelballen den Topf zu „sprengen" droht, weil Bogenhanf sich in kleinen Töpfen durchaus wohl fühlt. Damit die Pflanze nicht umfällt, sollte man sie in einen Tontopf mit lehmhaltiger Erde pflanzen.

Vermehrung

Durch die Teilung einer großen Pflanze sowie durch Blattstecklinge (5 cm lange Blattstücke). Aus den Blattstecklingen gelbrandiger Arten entstehen jedoch keine gemusterten Jungpflanzen.

Bekannte Arten

S. trifasciata (Westafrika) mit dickfleischigen, schwertförmigen, bis zu etwa 100 cm langen, dunkelgrün und grau gebänderten Blättern. Dekorativer ist die Sorte 'Laurentii' mit gelben Blatträndern. Eine andere Wuchsform besitzen die Sorte 'Hahnii' (auch *S. hahnii* genannt) und deren gelbrandige Form 'Golden Hahnii' mit ihren nur 15 cm hohen Blattrosetten.

Sansevieria trifasciata 'Laurentii'

Sauromatum

Eidechsenwurz

HSt/K/HT

Die als Zimmerpflanze angebotene Art ist wirklich eine Kuriosität. Sie wird als trockene Knolle verkauft und blüht, ohne daß man sie einpflanzt. Der Blütenstand ähnelt dem des Aronstabs, verbreitet einen unangenehmen Geruch und ist eher interessant als schön. Recht hübsch sind dagegen die Blätter, die später folgen.

Pflege

Die trockene Knolle treibt ihren, von einem Hüllblatt umgebenen Blütenstand ganz von selbst. Will man auch

Blätter bekommen, sollte man die Knolle allerdings einpflanzen, damit sie nicht umfällt.
Meistens wird Eidechsenwurz weggeworfen, wenn sie einmal geblüht hat. Sie kann nach der Blütezeit aber auch ins Freie, an einen geschützten Platz gepflanzt werden, wo man sie in milden Gegenden durchaus auch überwintern läßt. In kälteren Regionen gräbt man die Knolle aus und bringt sie den Winter über wieder ins Haus.

Vermehrung
Eidechsenwurz läßt sich nicht im Haus vermehren.

Bekannte Arten
S. venosum *(S. guttatum)* (Zentralasien) mit einem aronstabähnlichen Blütenstand, der von einem langen, unten zu einer Röhre verwachsenen, innen purpurn gefleckten Hüllblatt (Spatha) umgeben ist und später erscheinenden, großen, handförmig geteilten Blättern mit schön gefleckten Stielen.

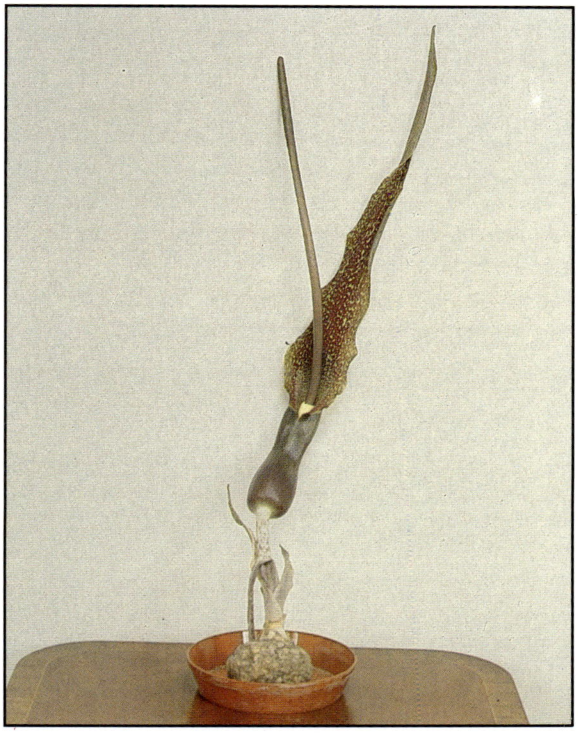

Sauromatum venosum

Saxifraga

Steinbrech

HSt/K–G/HT

Dem Steinbrech begegnet man fast immer in Steingärten. Die hier beschriebene Art, *Saxifraga stolonifera* (Judenbart), ist jedoch eine allgemein verbreitete Zimmerpflanze. Sie ist widerstandsfähig, wenn auch nicht ganz winterhart und vermag in ihrer grünen Form durchaus auch im Garten zu überleben.

Pflege
Judenbart fühlt sich am wohlsten an einem kühlen, hellen und luftigen Ort. Formen mit panaschierten Blättern brauchen mehr Wärme. Im Winter darf nicht zuviel gegossen werden. Gedüngt wird alle vierzehn Tage während des Sommers.
Wichtig ist, daß auch die in Ampeln wachsenden Pflanzen ausreichend Licht bekommen; dies ist z. B. im oberen Bereich eines Fensters nicht unbedingt der Fall.

Vermehrung
Hierzu werden einfach die kleinen Pflanzen in Erde gesetzt, die sich an den langen Ausläufern bilden.

Bekannte Arten
S. stolonifera *(S. sarmentosa)* Judenbart (China, Japan) mit rundlichen, am Rand gekerbten, olivgrünen und von hellen Adern durchzogenen, unterseits rötlichen Blättern, grazilen weißen Blütenrispen sowie langen Ausläufern, an denen sich kleine Pflänzchen bilden. Die Sorte 'Tricolor' hat blaßgelb und rosa gefleckte Blätter, ist jedoch empfindlicher und braucht mehr Wärme.

Saxifraga stolonifera 'Tricolor'

Schefflera

HSt/G/HT

Eine überwiegend aus Sträuchern und kleinen Bäumen bestehende Pflanzengattung, die nach J.C. Scheffler, einem im 18. Jahrhundert lebenden Danziger Botaniker und Freund von Linné, benannt wurde.
Zwei robuste, widerstandsfähige Arten, die zu zwei Meter hohen Sträuchern heranwachsen können, werden wegen ihrer hübschen Wuchsform und ihrer handförmig gefiederten Blätter auch gerne als Zimmerpflanzen gezogen.

Pflege
Im Sommer wird mäßig, im Winter etwas weniger gegossen; vom Frühling bis zum Herbst wird monatlich gedüngt. Pflanzen im Winter an einen hellen Ort stellen und eine Kombination von zuviel Wärme und wenig Licht vermeiden. Jeden Frühling umtopfen.

Vermehrung
Im Haus sollte man *Schefflera* aus Kopf- oder Stammstecklingen ziehen, die man im Frühling schneidet, in Bewurzelungshormon taucht und in einem beheizten Vermehrungskasten (18–24° C) Wurzeln treiben läßt.

Bekannte Arten

S. actinophylla *(Brassaia actinophylla)* (Australien) Topfpflanze mit einem Trieb an dem ledrige, glänzendgrüne, handförmig gefiederte Blätter stehen. Die Blattfiedern sind schmal-eirund.
S. arboricola *(Heptapleurum arboricola)* (Südostasien) mit schlankerem Stamm und dunkelgrün glänzenden Blättern aus ovalen Blattfiedern. Es gibt verschiedene Sorten, unter anderem auch 'Variegata' mit gelb und grün gemusterten Blättern.

Schlumbergera

Weihnachtskaktus

HSt/G/HT

Der beliebte Weihnachtskaktus mußte im Lauf der Zeit einige Namensänderungen über sich ergehen lassen. So kann man ihn heute noch unter dem Namen *Zygocactus truncatus* finden. Die meisten der im Handel erhältlichen Pflanzen sind jedoch ohnehin Hybriden.

Pflege
Weihnachtskakteen können den Sommer im Garten verbringen, sollten dort jedoch gut gegossen und alle vierzehn Tage gedüngt werden. Bevor die kalte Jahreszeit beginnt, werden sie wieder ins Haus genommen und kühl und trocken gehalten, bis sich die rosafarbenen

Schlumbergera truncata

Blütenknospen zeigen. In dieser Zeit sollte der Kaktus kein künstliches Licht bekommen, da hierdurch die Blütenbildung gestört werden könnte. Wenn sich Knospen gebildet haben, mäßig gießen und die Pflanze nicht mehr drehen, da dies zum Abwurf der Knospen führt.

Vermehrung
Im Frühling oder Sommer schneidet man Triebe mit zwei oder drei Gliedern von einer größeren Pflanze ab, läßt sie antrocknen und steckt sie dann aufrecht in Erde.

Bekannte Arten

S. x buckleyi (Kulturhybride) Blattkakteen mit flachen, grünen Trieben, die aus 3–5 cm langen Gliedern zusammengesetzt sind. Die im Winter erscheinenden Blüten sind 5–7 cm lang und meist rosa oder rot gefärbt.

S. truncata *(Zygocactus truncatus)* (Brasilien) im Erscheinungsbild ähnlich wie *S. x buckleyi*, mit vielen karmesinrot, violett oder purpurn blühenden Sorten, von denen die meisten ebenfalls Hybriden sind.

Scindapsus aureus

Scindapsus

Efeutute

HSt–Sch/G/HT–T

Immergrüne, mit dem *Philodendron* nahe verwandte Kletterpflanzen, deren beliebteste und am häufigsten als Zimmerpflanze kultivierte Art *S. aureus* inzwischen der Gattung *Epipremnum* zugeordnet wurde und nun *E. aureum* heißt. Die noch immer meist als *S. aureus* angebotene Pflanze ist aber auch unter der Bezeichnungen *Rhaphidophora aurea* zu finden. Man kann sie an einem Moosstab oder Spalier emporwachsen oder auch aus einer Ampel herabhängen lassen.

Pflege
Die Efeutute ist eine pflegeleichte Zimmerpflanze, die im Sommer feucht gehalten und in der Zeit zwischen Frühling und Herbst alle vierzehn Tage gedüngt werden sollte. Im Winter, wenn die Temperatur fällt, gießt man weniger. Zum Umtopfen wird eine kalkfreie Erde verwendet.

Vermehrung
Im Frühsommer schneidet man Kopf- oder Basalstecklinge und läßt diese Wurzeln treiben. Auch Blattknospenstecklinge lassen sich zur Vermehrung einsetzen, erfordern aber einen höheren Aufwand.

Bekannte Arten

S. aureus *(Rhaphidophora aurea, Epipremnum aureum)* (Salomon Inseln). Kletterpflanze mit länglich-herzförmigen, etwa 10 cm langen, glänzend hellgrünen, unregelmäßig goldgelb gezeichneten Blättern. Die Sorte 'Marble Queen' hat weiße bis cremefarbene Blätter mit grünen Streifen und Flecken; 'Golden Queen' hat nahezu gelbe Blätter. Die Sorten sind jedoch schwieriger zu ziehen als die ursprüngliche Art.

Sedum

Fetthenne

S/K/T

Sedum rubrotinctum

Eine umfangreiche Gattung mit über 500 Arten, von denen die meisten eher als Steingartenpflanzen, einige aber auch als Zimmerpflanzen geeignet sind.

Pflege

Die Art *S. sieboldii* kann den Sommer über normal gegossen werden (sie zieht sich im Winter zurück); die anderen unten genannten Arten sollten hingegen immer nur wenig Wasser auf einmal bekommen.
Eine Düngung ist nicht notwendig, wenn man die Pflanzen jedes Frühjahr umtopft. Am besten eignet sich hierzu eine lehmhaltige Erde.
Zu viel Wärme im Winter kann bewirken, daß die Fetthenne ihre Farbe verliert.

Vermehrung

Sedum kann durch Samen vermehrt werden. Braucht man jedoch nur wenige Pflanzen, so ist es praktischer, sie aus Stecklingen zu ziehen. Von Arten mit großen, fleischigen Blättern, wie *S. pachyphyllum*, lassen sich auch Blattstecklinge machen (Blätter eine Woche antrocknen lassen, bevor sie in Erde gesteckt werden).

Bekannte Arten

S. lineare 'Variegatum' (China, Japan) mit kleinen, linealischen, blaugrünen, weiß geränderten Blättern, die jeweils zu dritt an rosafarbenen, niederliegenden Stengeln stehen.
S. pachyphyllum (Mexiko) eine aufrechte, verzweigte, sukkulente Pflanze mit keulenförmigen bis zylindrischen, blaugrünen, oft mit einer roten Spitze versehenen Blättern (daher auch der Name „Schnapsnase") und gelben Blüten in dichten, breiten Blütenständen.
S. rubrotinctum (Mexiko) mit sich an der Basis verzweigenden, aufrecht wachsenden Stengeln und fleischigen, zylindrischen, grünen Blättern, die sich in starker Sonne oder bei Trockenheit rötlichbraun verfärben. Die Sorte 'Aurora' besitzt graugrüne, rosa bis lachsfarben angehauchte Blätter sowie gelbe Blüten.
S. sieboldii (Japan) unterscheidet sich im Habitus von anderen *Sedum*-Arten durch flache, bläulich-grüne Blätter, die im Herbst oft abgeworfen und im Frühling durch neue Blätter und Triebe ersetzt werden. Meist wird die Sorte 'Mediovariegatum' gezogen, deren Blätter in der Mitte einen weißen Fleck tragen und sich durch starke Sonneneinstrahlung rötlich verfärben.

Selaginella

Mooskraut

HSt/G–W/F

Selaginella-Arten sehen aus, als gehörten sie zu den Moosen. Viele wachsen in tropischen Regenwäldern und fühlen sich in einer Zimmeratmosphäre nicht sonderlich wohl. Ein Flaschengarten, in dem eine höhere Luftfeuchtigkeit herrscht, kommt ihren Bedürfnissen eher entgegen.

Pflege

Die Temperatur sollte möglichst über 15° C liegen. Da Mooskraut eine hohe Luftfeuchtigkeit braucht, muß es entweder täglich besprüht oder aber in einem Flaschengarten bzw. unter einer Glashaube gezogen werden. Die Erde darf nie austrocknen. Während des Sommers wird gelegentlich ein Blattdünger verabreicht. Umgepflanzt wird im Frühjahr, in ein torfhaltiges Substrat.

Vermehrung
Durch Teilung, da die Triebe in einer feuchten Atmosphäre schnell Wurzeln in die Erde treiben. Triebspitzen steckt man in eine Mischung aus Torf und Sand.

Bekannte Arten
S. apoda (Nordamerika) rasenbildende Pflanze mit blaßgrünen, fein gezähnten Blättern. **S. kraussiana** (Südafrika) guter Bodendecker mit kriechenden, verzweigten Trieben, die rasch einen dichten Teppich bilden. Besonders hübsch ist die gelbgrüne Sorte 'Aurea'. **S. martensii** (Mexiko) mit nicht so reich verzweigten, zunächst aufrecht wachsenden Trieben und fleischigen, glänzendgrünen Blättern. 'Watsoniana' besitzt hellgrüne Blätter mit silbrigen Spitzen.

Selaginella ssp.

Sempervivum

Hauswurz
S/K/T

Hauswurz ist ein Überlebenskünstler, der auch auf Dächern und Felsen sowie an trockenen Mauern zu gedeihen vermag. Die Pflanze blüht hübsch, wird aber hauptsächlich wegen ihrer schönen Blattrosetten gezogen. Aus der Unzahl von Sorten und Hybriden werden hier nur zwei repäsentative Beispiele genannt.

Pflege
Es gibt nicht viel zu tun, da Hauswurz auch gedeiht, wenn man ihn überhaupt nicht beachtet. Wichtig ist nur ein heller Standort. Wasser muß nur gelegentlich gegeben werden; Düngung ist nicht notwendig.

Vermehrung
Durch Ableger, die sich rings um die Mutterpflanze bilden, abgenommen und in Erde gesetzt werden müssen.

Bekannte Arten
S. arachnoideum (Europa, Pyrenäen) sukkulente Pflanze mit 2,5–4 cm großen, kugeligen Rosetten aus grünen, oft rot angehauchten Blättern, deren Spitzen mit spinnwebartigen Haaren überzogen sind, und rosaroten, an 15 cm langen Stengeln stehenden Blüten. **S. tectorum** (Pyrenäen, Alpen) mit Rosetten aus leuchtend grünen, an den Spitzen kastanienbraun gefärbten Blättern sowie rosafarbenen Blüten. Zu dieser Art gehören viele Hybriden. Wuchshöhe: 2,5–5 cm.

Sempervivum

Setcreasea

S–HSt/K/HT

Die einzige im Zimmer kultivierte Art dieser Gattung, *S. pallida* (man findet sie ebenso unter dem Namen *S. purpurea*) wäre sehr hübsch, wenn sie nicht so lange Triebe bekäme. Am schönsten wächst sie an einem hellen Standort, wenn man sie regelmäßig stutzt.

Pflege
Hell stellen und während des Sommers immer feucht, im Winter jedoch eher trocken halten. Im Sommer gelegentlich düngen und im Frühjahr umpflanzen.
Es empfiehlt sich, ältere Pflanzen regelmäßig durch Jungpflanzen zu ersetzen.

Vermehrung
Setcreasea läßt sich leicht im Frühling durch Stecklinge vermehren.

Bekannte Arten
S. pallida *(S. purpurea)* (Mexiko) mit lanzettlichen, purpurrot gefärbten Blättern, purpurroten Stengeln und kleinen, blaßpurpurfarbenen, in den Blattachseln stehenden Blüten.

Setcreasea purpurea

Smithianta

Smithiante

HSt/W/F

Die Arten dieser Gattung besitzen fingerhutähnliche Blüten und ein Rhizom, das man in Fachgeschäften kaufen oder über den Versandhandel bestellen kann. Als blühende Topfpflanzen werden *Smithianta*-Arten seltener angeboten.

Pflege
Man läßt die Rhizome bei 21° C in feuchtem Torf austreiben und setzt sie dann in Gruppen von drei bis fünf Pflanzen in 12,5-cm-Töpfe. Bis die Pflanzen zu blühen beginnen, sollte man sie in einem Gewächshaus unterbringen oder zumindest an einen hellen, nicht vollsonnigen Platz stellen.

Smithiantha

Während des Sommers hält man die Erde feucht und düngt vierzehntägig. Nach der Blütezeit wird die Wassermenge reduziert. Die Rhizome überwintern im Haus und werden im Frühling in eine torfhaltige Erde umgetopft.

Vermehrung
Alte Rhizome werden nach dem Austreiben so geteilt, daß jedes Rhizomteil zumindest einen Trieb hat. Zur Vermehrung können im Frühsommer jedoch auch Blattstecklinge verwendet werden.

Bekannte Arten
Zumeist werden *Smithianta*-Hybriden kultiviert. Sie besitzen herzförmige, samtig behaarte, dunkelgrüne, an den Adern braun oder purpurn gezeichnete Blätter und in endständigen Trauben angeordnete, nickende, fingerhutähnliche Blüten, die rot, orange oder gelb gefärbt und andersfarbig gefleckt oder gestreift sein können.

Solanum

Nachtschatten

HSt/K/HT

Aus der Gattung der Nachtschattengewächse wird gern der Korallenstrauch *(Solanum capsicastrum)* im Zimmer kultiviert, da er im Herbst oder zeitigen Winter sehr dekorative, kugelrunde, orangerote Beeren ausbildet. Wenn kleine Kinder im Haus sind, ist Vorsicht geboten, da zumindest die Früchte der Wildart giftig sind.

Pflege
Wenn man nicht über ein Gewächshaus verfügt, ist es am besten, einen Korallenstrauch mit bereits reifen Früchten zu kaufen und ihn nach einigen Monaten wegzuwerfen, wenn die Früchte abgefallen sind.
Der Fruchtschmuck hält sich am längsten, wenn die Pflanze in einem hellen, kühlen Raum gehalten und gelegentlich besprüht wird.
Um einen Korallenstrauch länger zu kultivieren, muß man für hohe Luftfeuchtigkeit und stets feuchte Erde sorgen. Im Frühling wird die Pflanze umgetopft, beschnitten (Triebe werden um ein Drittel gekürzt) und über Sommer ins Freie gebracht. Aus den im Frühsommer erscheinenden Blüten entstehen nur dann reichlich Früchte, wenn zu diesem Zeitpunkt weder zu viel noch zu wenig gegossen wird. Ein sommerlicher Wassermangel kann die Pflanze auch dazu veranlassen, ihre Blätter abzuwerfen. Bevor die Nächte im Herbst kalt werden, nimmt man den Korallenstrauch wieder ins Haus.

Vermehrung
Korallensträucher werden für gewöhnlich aus Samen gezogen. Da dies jedoch nur in einem Gewächshaus möglich ist, kann man versuchen, die Pflanze im Haus durch Stecklinge zu vermehren.

Bekannte Arten
S. capsicastrum Korallenstrauch (Brasilien) mit lanzettlichen, leicht behaarten Blättern, kleinen weißen Blüten mit orangegelben Staubgefäßen und etwa 2 cm großen, runden, glänzenden Beeren, die sich beim Heranreifen orangerot färben. Im Handel erhält man sowohl Sorten dieser Art als auch Sorten von *S. pseudocapsicum,* einer sehr nahe verwandten, jedoch robusteren und daher leichter zu kultivierenden Art. Sortennamen werden jedoch zumeist nicht angegeben.

Solanum capsicastrum

Sparmannia

Zimmerlinde
HSt/K/HT

Sparmannia africana

Eine sieben Arten umfassende, nach dem schwedischen Botaniker Andreas Sparmann benannte Pflanzengattung, von der nur eine Art, nämlich die Zimmerlinde *(Sparmannia africana)* in größerem Umfang im Haus kultiviert wird, die in einem Alter von etwa zwei Jahren am schönsten ist.

Pflege
Im Winter gibt man nur soviel Wasser, daß der Topfballen nicht austrocknet; zwischen Frühling und Herbst dagegen reichlich gießen und wöchentlich düngen. Zimmerlinden sollten an einem hellen Platz stehen, keinesfalls am Fenster der intensiven Sommersonne ausgesetzt sein. Will man eine Zimmerlinde länger halten, sollte man sie im Frühling, nach der Blütezeit, umtopfen und den Sommer über ins Freie an einen geschützten Platz stellen. Im Frühsommer schneidet man die Triebe bis auf eine Höhe von 30 cm zurück; die Pflanze treibt daraufhin im Sommer eine Vielzahl neuer Triebe.

Vermehrung
Durch Stecklinge, die man im Frühling schneidet und Wurzeln treiben läßt. Bei jungen Pflanzen wird die Triebspitze entfernt, damit sich der Haupttrieb buschig verzweigt.

Bekannte Arten
S. africana (Südafrika) mit 15–20 cm langen, herzförmigen, weich behaarten Blättern und in Trugdolden angeordneten, 2,5–4 cm breiten, weißen Blüten mit vielen Staubgefäßen.

Spathiphyllum

Blattfahne
HSt/G/F

Die Blütenstände von *Spathiphyllum* erinnern in ihrer Form an die Blütenstände von *Anthurium* (*siehe* Seite 10). Die Pflanze ist jedoch leichter zu ziehen, obgleich sie sich nicht unbedingt für Anfänger eignet.

Pflege
Spathiphyllum braucht zum Gedeihen eine sehr feuchte Atmosphäre. In der Ruhephase zwischen Oktober und Januar verträgt die Pflanze jedoch auch eine geringere Luftfeuchtigkeit.

Spathiphyllum wallisii

Während der Wachstumsperiode im Sommer wird großzügig mit temperiertem Wasser gegossen und vierzehntägig gedüngt; während der Ruhephase im Winter gießt man nur mäßig.

Vermehrung
Spathiphyllum wird vermehrt, indem man größere Pflanzen im Frühling beim Umtopfen teilt.

Bekannte Arten

S. floribundum (Kolumbien) mit dunkelgrünen, lanzettlichen Blättern und an langen Schäften stehenden Blütenständen, die jeweils aus einem Blütenkolben und einem etwa 10 cm langen, weißen, lanzettlichen Hüllblatt bestehen.
S. x 'Mauna Loa' wie *S. floribundum*, nur mit größeren Blütenständen.
S. wallisii (Kolumbien) wie *S. floribundum*.

Stephanotis

Kranzschlinge

HSt/G/HT

Die als Zimmerpflanze kultivierte Kranzschlinge entwickelt sich in einem Gewächshaus zu einer großen Kletterpflanze. Bei den im Handel erhältlichen Pflanzen ist der Haupttrieb jedoch meistens um einen runden Drahtbogen geschlungen. Züchtereien können die Pflanzen durch spezielle Lichtprogramme (künstliche Belichtung zur Verlängerung des Tages und zur Unterbrechung der Nacht) zu jeder Jahreszeit zum Blühen bringen. Ohne solche Manipulationen blüht die Pflanze während des Sommers.

Pflege
Wenn die Blüte einsetzt, sollte die Pflanze möglichst nicht mehr bewegt werden, da dies dazu führen kann, daß sie ihre Knospen abwirft. Neu gewachsene Triebe schlingt man um den Rankbogen.
Während des Sommers wird reichlich (vorzugsweise mit weichem Wasser) gegossen. Während des Winters reduziert man die Wassermenge und hält die Pflanze in einem kühlen Raum (nicht über 15° C), weil sich in einer zu warmen Umgebung unschöne, lange, dünne Triebe entwickeln.

Vermehrung
Kranzschlingen werden im Frühling oder Sommer durch Stecklinge aus Vorjahrestrieben vermehrt, die man am besten in einem Vermehrungskasten Wurzeln treiben läßt.

Bekannte Arten

S. floribunda (Madagaskar) ein immergrüner, rankender oder kriechender Strauch mit ovalen, glänzendgrünen Blättern und in lockeren Trugdolden angeordneten, weißen, wachsartigen, stark duftenden Blüten.

Stephanotis floribunda

Syngonium

Purpurtute

HSt–Sch/G–W/HT

Sowohl von der Blatt- als auch von der Wuchsform her ähneln die *Syngonium*-Arten manchen Philodendren. Man läßt sie an einem Moosstab emporwachsen oder aus einer Ampel herabhängen. Die Purpurtute läßt sich aber auch als Epiphyt auf einem Bromelienstamm ziehen, wenn dieser abwechslungsreicher gestaltet werden soll. Die Blattform verändert sich bei *Syngonium* mit dem Alter der Pflanzen; ältere und daher größere Pflanzen besitzen meist stärker gelappte Blätter.

Pflege
Zum Gießen sollte weiches Wasser benutzt werden. Da die Erde nicht zu naß werden darf, gießt man im Sommer nur mäßig, besprüht aber gelegentlich die Blätter. Während der Wachstumsphase wird alle zwei Wochen gedüngt. Purpurtute wird jedes Frühjahr umgetopft.

Vermehrung
Sowohl durch Kopf- als auch Blattknospenstecklinge. Zu lang gewachsene Pflanzen lassen sich durch Abmoosen verjüngen.

Bekannte Arten

S. podophyllum (Mittelamarika) mit äußerst variabler Blattform (von pfeilförmigen Blättern bei Jungpflanzen bis zu elffach geteilten Blättern bei älteren Pflanzen).

Bei der Sorte 'Albolineatum' sind die Blattadern weiß oder cremefarbig eingefaßt; 'Emerald Gem' hat silbrig-weiß gemusterte Blätter.

Syngonium podophyllum 'Imperial White'

Thunbergia

Schwarzäugige Susanne

S/(G)/HT

Eine umfangreiche Pflanzengattung, die nach Karl Pehr Thunberg, einem schwedischen Botaniker und Freund von Linné, benannt wurde und überwiegend aus einjährigen oder ausdauernden Kletterpflanzen besteht.
Nur eine der Arten, nämlich *Thunbergia alata,* die Schwarzäugige Susanne, wird häufiger als Zimmerpflanze gezogen, obwohl auch sie im Sommer besser auf einem Balkon oder einer sonnigen Veranda gedeiht.

Pflege
Thunbergia alata sollte am besten einjährig gezogen werden. Läßt man die Pflanze jedoch überwintern, wird sie im Februar oder März rigoros zurückgeschnitten.

Thunbergia alata

Die Schwarzäugige Susanne braucht einen hellen Standort und feuchte Erde. Gedüngt wird das ganze Jahr hindurch alle vierzehn Tage.
Zieht man *Thunbergia alata* in einem Topf, so braucht die Pflanze eine Kletterhilfe.

Vermehrung
Durch Samen, die im Frühling ausgesät werden. Damit sich die jungen Pflanzen buschig verzweigen, werden die Triebspitzen entfernt.

Bekannte Arten

T. alata (Südafrika) ein Kletterstrauch mit dünnen, herzförmigen, am Rand gezähnten Blättern und leuchtend orangen, bis zu 4 cm breiten Blüten mit einem dunklen „Auge" in der Mitte. Es gibt auch weiß oder hellgelb blühende Hybriden mit oder ohne Augenfleck.

Tillandsia

Grüne Tillandsie

HSt/W/F

Die zu den Bromelien gehörigen Tillandsien lassen sich in Gruppen mit ganz unterschiedlichen Wuchsformen einteilen. Neben Pflanzen mit „normalen", riemenförmigen, grünen Blättern, die man wegen ihrer dekorativen Blütenstände zieht, gibt es auch Pflanzen mit nur wenigen oder überhaupt keinen Wurzeln, die Wasser- und Nährstoffe über die Saugschuppen der meist grauen Blätter und Triebe aufnehmen.

Pflege
Pflanzen mit kalkfreiem (weichem) Wasser gießen und regelmäßig besprühen. Während der Wachstumszeit gelegentlich mit einem Blattdünger behandeln. Im Winter nur sparsam gießen.
Tillandsien lassen sich auch als Epiphyten auf einem Bromelienstamm ansiedeln. Sollen sie in einem Topf wachsen, pflanzt man sie in eine Mischung aus einem Teil scharfem Sand und drei Teilen Rhododendronerde.

Vermehrung
Man trennt bewurzelte Seitentriebe von der Mutterpflanze und pflanzt sie in Töpfe.

Bekannte Arten

T. flabellata (Mexiko, Guatemala) mit schmalen von der Basis ausgehenden, 25–50 cm langen riemenförmigen Blättern und einem Blütenstand mit zahlreichen, sich überlappenden, dauerhaften, roten Brakteen, zwischen denen die blauen Blüten mit ihren herausragenden Staubgefäßen erscheinen.

T. leiboldiana (Mexiko) mit zartgrünen, schmalen, etwa 30 cm langen Blättern und blauen Blüten zwischen roten Brakteen.

T. lindenii (Peru) mit schmalen, linealischen Blättern, über die der flache Blütenstand mit seinen violettrosa Brakteen und dunkelblauen Blüten hinausragt.

Tillandsia lindenii

Tillandsia

Graue Tillandsie

HSt/G/HT

Tillandsia concolor

Die hier beschriebenen Tillandsien sind nicht besonders schöne, dafür aber interessante Pflanzen, von denen man noch bis vor kurzem annahm, sie seien als Hauspflanzen ungeeignet. Inzwischen hat sich jedoch gezeigt, daß sie sehr widerstandsfähig und zäh sind und keineswegs, wie zuvor angenommen, täglich mehrmals mit Wasser besprüht werden müssen. Graue Tillandsien nehmen mit ihren über Sproß und Blätter verteilten Saugschuppen, auch die Feuchtigkeit aus der Luft auf.

Wurzellose graue Tillandsien sind keine konventionellen Topfpflanzen. Sie sind eher ungewöhnliche Hausgenossen, die man an einem moosbedeckten Ast befestigen, in eine hübsche Muschel setzen oder einfach hinter einen Spiegel stecken kann.

Pflege

Graue Tillandsien benötigen einen einigermaßen hellen Platz, an dem sie gut zur Geltung kommen. Dort werden sie möglichst täglich besprüht. Im Sommer wird dem Wasser einmal wöchentlich ein Flüssigdünger beigemischt.

Vermehrung

Einige Arten, wie z.B. *T. usneoides,* werden vermehrt, indem man Triebe von ihnen abzupft und sie zusammenbindet, um sie andernorts zu befestigen. Andere Arten bilden irgendwann Seitentriebe, die abgelöst werden können.

Bekannte Arten

Mit Ausnahme von *T. usneoides* bilden Tillandsien mit unterentwickelten Wurzeln graue Blattrosetten, wie sie auch die auf dem Bild gezeigte Art *T. concolor* besitzt.

T. usneoides Louisiana-Moos (tropisches Amerika) erinnert im Aussehen an eine Bartflechte und hat lange, dünne, gewundene, mit kleinen Blättern besetzte Triebe, die in der Natur in langen grauen „Bärten“ von den Ästen der Bäume herabhängen.

Tradescantia

Dreimasterblume

HSt/K/HT

Die aus dieser Gattung stammenden Zimmerpflanzen (es gibt auch winterharte Arten für den Garten) werden schon seit langem kultiviert. Da sie eher unauffällig sind, werden sie meist nicht sonderlich beachtet oder gepflegt, halten sich aber hartnäckig am Leben.

Pflege

Tradescantia braucht wenig Wasser, ist aber wesentlich gesünder, wenn man dafür sorgt, daß die Erde auch im Winter nie ganz austrocknet.

Sorten mit panaschierten Blättern sollten einen hellen

Mehrere *Tradescantia*-Sorten

Standort bekommen, damit ihr dekoratives Blattmuster erhalten bleibt. Direkte Sommersonne kann die Blätter jedoch verbrennen. Um eine buschige Wuchsform zu fördern, müssen die Triebe regelmäßig gestutzt werden, bevor sie zu lang und zu dünn werden. Bei gemusterten Formen werden auch alle nicht oder weniger schön gemusterten Triebe entfernt.

Gedüngt wird wöchentlich, vom Frühling bis zum Herbst. Da die Pflanzen mit der Zeit degenerieren, sollte man stets dafür sorgen, daß Nachwuchs aus Stecklingen heranwächst. Am besten wirkt *Tradescantia,* wenn mehrere Pflanzen in einem Topf wachsen.

Vermehrung

Stecklinge treiben sehr leicht Wurzeln, auch in Wasser.

Bekannte Arten

T. albiflora (Südamerika). Niederliegende Pflanze mit kriechenden oder herabhängenden Trieben und spitzovalen, an der Basis stengelumfassenden, 4,5–6 cm langen Blättern. Kultiviert werden meist Sorten mit gemusterten Blättern, wie z.B. 'Albovittata'(cremefarbig und grün gestreift), 'Rochford Silver' (grün mit weißen Streifen) und 'Tricolor' (mit grünen, weiß und blaßlila gestreiften Blättern).

T. blossfeldiana (Argentinien) halbaufrecht wachsende Art mit 4–8 cm langen, an der Oberseite mattgrünen, unterseits behaarten, purpurn gefärbten Blättern und meist fleischigen, purpurn gefärbten Stengeln.

Die Sorte 'Variegata' hat cremefarbig gestreifte Blätter.

T. fluminensis (Südamerika) ähnlich wie *T. albiflora,* mit Blättern, die sich in hellem Licht an der Unterseite blaßlila verfärben. Gezogen werden auch Sorten wie etwa 'Qiucksilver'.

Vriesea

HSt/W/F

Eine in Mittel- und Südamerika heimische Pflanzengattung mit etwa 200, sowohl auf der Erde als auch epiphytisch lebenden Bromelien, von denen die Art V. splendens am häufigsten gezogen wird.

Vom Handel angebotene Pflanzen bestehen fast immer aus nur einer Blattrosette. Manchmal werden auch Sämlinge in kleinen Töpfen verkauft. Um sie zu ziehen, braucht man allerdings Geduld, denn sie blühen erst nach mehreren Jahren. Nach der Blütezeit, die einige Monate dauert, sterben die Pflanzen ab.

Pflege

Eine blühende Pflanze sollte nicht an einen warmen, trockenen Platz gestellt werden. Junge Pflanzen ohne Blüten brauchen einen hellen Standort ohne direkte Sonneneinstrahlung und hohe Luftfeuchtigkeit. Sie sollten während des Sommers reichlich, während des Winters jedoch sparsamer gegossen werden. Man verwendet hierfür weiches Wasser, das auch in die Blattrosette gegossen wird. Gedüngt wird jeden Monat, vom Frühling bis zum Herbst. Beim Umtopfen werden die Pflanzen in ein Substrat aus drei Teilen Rhododendrenerde und einem Teil scharfem Sand gesetzt.

Vermehrung

Blühende Pflanzen bilden in der Regel Seitentriebe, die man abnehmen und separat einpflanzen kann, wenn sie groß genug sind.

Bekannte Arten

V. saundersii (Brasilien) ähnlich wie die besser bekannte Art V. splendens, nur niedriger, mit matt-graugrünen, meist nicht gebänderten Blättern und einem langen, überhängenden Blütenstand in dem die gelben Blüten und Hochblätter locker angeordnet sind.

V. splendens (Guayana) Pflanze mit schwertförmigen, überhängenden, purpurn gebänderten Blättern und einem schlanken, aufrechten Blütenstand aus leuchtendroten Hochblättern und gelben Blüten.

Vriesea splendens

Yucca

Palmlilie

S/K/HT–T

Yucca-Arten gehören zu den meistgekauften Zimmerpflanzen, da sie ausgesprochen robust sind und auch bei unerfahrenen Zimmergärtnern gedeihen.

Pflege

Palmlilien mögen viel Licht und gedeihen selbst an einem sonnigen Südfenster, das als Standort für die meisten anderen Zimmerpflanzen im Sommer denkbar ungeeignet wäre. Sie können den Sommer aber auch draußen z.B. in einem Innenhof verbringen. Im Sommer wird großzügig gegossen; im Winter sollte die Erde trockener gehalten werden.

Vermehrung

Die Vermehrung von Palmlilien ist eigentlich nichts für Hobbygärtner. Sogar die im Handel befindlichen Pflanzen werden zum größten Teil importiert.
In Zimmerkultur kann man jedoch versuchen, neue Pflanzen aus Seitentrieben zu ziehen, die man von einer älteren Pflanze abschneidet und zur Bewurzelung in Erde steckt.

Bekannte Arten

Y. aloifolia (Süden der USA, Westindische Inseln) mit einem einzigen, oft recht kräftigen, meist unverzweigten Stamm, an dessen Ende ein blaugrüner Schopf aus bis zu 50 cm langen, schwertförmigen, mit einem spitzen Dorn versehenen und recht steifen Blättern sitzt.
Y. elephantipes (Mittelamarika) wie *Y. aloifolia,* jedoch mit längeren, an ihrem Ende nicht so spitzen Blättern.

Yucca elephantipes

Zantedeschia

Zimmerkalla

HSt/G/HT

In Afrika heimische Pflanzengattung mit acht Arten, die in der Natur in sumpfigen, im Sommer jedoch trockenen Gebieten wachsen. Der dem Aronstab ähnliche Blütenstand besteht aus einem aufrecht stehenden Kolben, der von einem großen, tütenförmigen Hüllblatt umgeben ist. Die Zimmerkalla ist eine zwar hübsche, für das Haus aber nicht so recht geeignete Topfpflanze.

Zantedeschia rehmannii

Pflege
Ein trockenes Rhizom wird im Herbst eingepflanzt und kräftig angegossen. Die Erde wird mäßig feucht gehalten, bis die Triebe erscheinen, danach aber stärker gegossen. Nach der Blütezeit (üblicherweise im Frühling) läßt man die Pflanze ruhen, indem man die Wassergaben stark reduziert. Nach der Ruhephase umtopfen und wieder normal gießen, um neues Wachstum anzuregen.

Vermehrung
Durch Teilung der Rhizome beim Umtopfen.

Bekannte Arten

Z. aethiopica (Südafrika) mit dunkelgrünen, pfeilförmigen Blättern, die während der Ruhephase absterben. Die weißen Hüllblätter der Blütenstände sind 15–23 cm lang und recht haltbar, wenn die Pflanze im Kühlen steht.
Z. rehmannii (Transvaal) wie *Z. aethiopica,* nur mit schmaleren, manchmal silbrig-weiß gefleckten Blättern und kleineren (etwa 8 cm langen) Hüllblättern, die an den Rändern meist rosa oder purpurn getönt, im Inneren aber auch kräftiger gefärbt sind.

Zebrina

Zebrakraut

HSt/G/HT

Der Gattungsname kommt vom lateinischen *zebrinus* (gestreift) und bezieht sich, wie auch der deutsche Name, auf die längsgestreiften Blätter vieler Arten. Zebrakraut ähnelt den als Zimmerpflanzen weit verbreiteten, gemusterten Sorten von *Tradescantia* (*siehe* Seite 98).

Pflege
Zebrakraut braucht einen hellen Standort, damit die gemusterten Blätter ihre kräftigen Farben behalten; es verträgt jedoch keine direkte Sommersonne.
Im Sommer sollte nur mäßig gegossen werden, da sowohl die Wuchsform als auch die Blattfarbe unter einem Zuviel an Wasser und Dünger leiden können. Wichtig ist jedoch eine hohe Luftfeuchtigkeit.
Umgetopft wird jedes Frühjahr; dabei empfiehlt es sich, mehrere Pflanzen in einen Topf zu setzen, da sie so üppiger wirken. Pflanzen mit sperrigen Trieben müssen allerdings zurückgestutzt werden. Zebrakraut wirkt am schönsten, wenn es aus einer Ampel herabhängt.

Vermehrung
Stecklinge treiben sehr leicht Wurzeln.

Bekannte Arten

Z. pendula (Mexiko) mit kriechenden oder herabhägenden Trieben und länglich-ovalen, 2,5–7,5 cm langen Blättern mit zwei breiten, silbrigschimmernden Längsstreifen auf der Oberseite und purpurfarbener Unterseite.
Die Sorte 'Quadricolor' besitzt Blätter mit grünen,weissen und purpurnen Längstreifen und ist sehr dekorativ.

Zebrina pendula

Begriffe und Methoden

Dieses Kapitel ist der Erläuterung von Begriffen und Techniken gewidmet, die entweder im ersten Teil des Buches genannt werden oder Ihnen auch in anderen Zimmerpflanzenbüchern begegnen könnten.
Es ist jedoch mehr als nur ein Glossar. Wenn dies sinnvoll erscheint, werden nämlich praktische Hinweise gegeben oder eine Methode Schritt für Schritt an Hand von Illustrationen erläutert.
Pestizide werden nicht namentlich genannt, da sie von Land zu Land verschieden sind, und auch ständig neue Mittel auf den Markt kommen, die dann manches ältere Präparat ablösen.
Außerdem bietet dieses Kapitel nützliche Hilfe bei der Aufzucht und Pflege von Zimmerpflanzen und erklärt auch Begriffe oder Techniken, die Sie vielleicht noch nicht kennen oder bei denen Sie sich nicht ganz sicher sind.

Saurer Boden
Ein Boden mit einem pH-Wert unter 7 (6,5) (*siehe* pH-Wert). Wichtig für Pflanzen, die unter einem zu hohen Kalkgehalt der Topferde leiden. Siehe Chlorose, Blumentopferde und Rhododendronerde.

Luftwurzeln
Wurzeln, die von einer Pflanze oberhalb der Erde gebildet werden und Feuchtigkeit aus der Luft aufnehmen können. Manchmal helfen sie einer Pflanze auch, sich beim Klettern festzuhalten. Zu den Pflanzen, die Luftwurzeln ausbilden, gehören viele Philodendren, *Monstera deliciosa* und einige *Selaginella*-Arten.

Abmoosen
Da Zimmerpflanzen sich in der Regel nicht durch Absenken (Trieb wird zur Erde gebogen, um dort Wurzeln zu treiben) vermehren lassen, bedient man sich im Haus einer Technik, bei der der Sproß nicht mit dem Boden in Berührung kommen muß.
Ein Trieb wird einige Zentimeter unter

einem gut beblätterten Sproßabschnitt mit einem sehr scharfen Messer eingeschnitten, oder es wird an dieser Stelle ein 1 cm breiter Rindenstreifen entfernt. Die Wunde wird mit Bewurzelungshormon behandelt, mit feuchtem Torfmoos *(Sphagnum)* umwickelt und dieses

durch eine Kunststoffolie festgehalten, die man über und unter dem Moos fest zubindet. Anstelle des Torfmooses kann

auch feuchter Torf verwendet werden, den man in die unten zugebundene Folie einfüllt. Schwarze Folie unterstützt zwar die Wurzelbildung, erlaubt einem jedoch nicht, diese zu verfolgen. Am besten ist daher, eine durchsichtige Folie zu verwenden und diese dann mit

einer schwarzen Folie abzudecken, die man jederzeit entfernen kann.
Haben sich Wurzeln gebildet (dauert

einen Monat bis zu einem halben Jahr), wird der Stengel unterhalb der neuen Wurzeln durchtrennt und das bewurzelte Oberteil als neue Pflanze eingetopft. Wahrscheinlich wird dann auch das Unterteil neu austreiben, so daß eine weitere neue Pflanze entsteht.

Laubwerfend
Eine Pflanze, die ihre Blätter am Ende der Vegetationsperiode verliert, also nicht immergrün ist. Wird normalerweise nur im Zusammenhang mit Bäumen oder Sträuchern verwendet.

Etioliert
Bezeichnung für Pflanzen, die aufgrund von Lichtmangel lange, bleiche, schlapp herabhängende Triebe mit kleinen verkümmerten Blättern gebildet haben.

Annuelle
Einjährige Pflanzen, die innerhalb einer Vegetationsperiode keimen, wachsen, blühen und sterben. Werden normalerweise in dem Jahr ausgesät, in dem sie auch sterben. Einige winterharte einjährige Pflanzen können jedoch bereits im Herbst ausgesät werden.
Man zieht auch manche zwei- oder mehrjährige Zimmerpflanze nur einjährig, weil sie später im Haus nicht mehr richtig blüht und fruchtet oder unansehnlich wird.

Blattläuse

Meist grüne oder schwarze, pflanzensaugende Insekten, die viele verschiedene Zimmerpflanzen befallen können und daher auch zu den häufigsten Zimmerpflanzenschädlingen gehören.
Lassen sich zum Glück mit einer Vielzahl verschiedener Insektizide in Schach halten.

Areole
Ein bei Kakteen anzutreffendes, nadelkissenartiges Gebilde, aus dem Haare, Borsten oder Dornen wachsen können und aus dem sowohl Blüten als auch Seitensprosse treiben.

Aronstabgewächs
Pflanze, die zur Familie der Aronstabgewächse (Araceae) gehört. Die meisten als Zimmerpflanzen kultivierten Aronstabgewächse stammen aus den Urwäldern Mittel- und Südamerikas; einige, wie z.B. *Aglaonema,* kommen auch aus Asien oder Afrika. Es sind in der Regel Kletterpflanzen, deren zahlreiche Luftwurzeln ihnen sowohl zum Festhalten als auch zur Aufnahme von Feuchtigkeit dienen. Bekannte Beispiele sind: *Aglaonema, Caladium, Dieffenbachia, Monstera, Philodendron, Scindapsus* und *Syngonium.*

Flaschengarten
Sammlung kleiner, meist langsam wachsender Pflanzen in einer großen Flasche. Bepflanzt werden entweder große Vorratsflaschen oder Glasbehälter, die extra für diesen Zweck angefertigt wurden.
Die meisten Flaschengärten, die heute angeboten werden, sind nicht verschlossen. Sie werden lediglich dazu benutzt, eine kleine Pflanzensammlung über einen vergleichsweise kurzen Zeitraum dekorativ zu präsentieren.
Echte Flaschengärten werden dagegen fest verschlossen (meist mit einem Korkstopfen) und können an einem hellen (nicht sonnigen!) Platz, ohne daß man sie gießt oder anderweitig pflegt, mindestens sechs Monate überdauern, wenn diesem kleinen „Ökosystem" zuvor die richtige Menge an Feuchtigkeit zugeführt wurde.
Um den Boden der Flasche schichtweise mit Kies, Holzkohle und Erde zu füllen, ohne daß dabei auch die Wand verschmutzt wird, benutzt man einen Trichter, an dem ein langes Rohr befestigt ist. Zum Graben der Pflanzlöcher bzw. zum Einsetzen der Pflanzen benutzt man

einen an einem Stab festgebundenen Löffel bzw. eine ebenso befestigte Gabel oder auch eine Federzange aus Bambus.
Die Erde wird mit einer auf einen Stab

geschobenen Garnrolle angedrückt. Eine Spritze dient schließlich dazu, die Erde zu befeuchten und die Behälterwände zu reinigen. Dabei muß man darauf achten, daß die Erde nicht zu naß wird, weil die Pflanzen sonst zu faulen beginnen.

Botrytis

Unter dem Namen „Grauschimmel" bekannte Pilzkrankheit, die besonders unter feuchtkalten Bedingungen auftritt. Der Pilz wächst zunächst auf absterbendem oder bereits abgestorbenem Gewebe (Blüten oder Blätter); kann von dort aus aber auch gesunde Pflanzenteile befallen, wenn nichts gegen ihn unternommen wird. Befallene Pflanzenteile sind, wie der Trivialname schon andeutet, von einem grauen Schimmelrasen bedeckt, aus dem bei einer Erschütterung Wolken feiner Sporen aufsteigen, die weitere Infektionen verursachen können.
Es gibt viele moderne Fungizide, mit denen sich Botrytis bekämpfen läßt, vorausgesetzt, man beginnt rechtzeitig mit der Behandlung. Eine gute Hygiene (regelmäßiges Entfernen von abgestorbenen oder befallenen Pflanzenteilen) sowie das Vermeiden einer feuchtkühlen Atmosphäre tragen jedoch viel dazu bei, diese Krankheit erst gar nicht entstehen zu lassen.

Brakteen (Hochblätter)
Umgewandelte, bisweilen sehr auffällig geformte und gefärbte Blätter, die im Blütenbereich die Schaufunktion der Blütenblätter übernehmen können. Der beliebte Weihnachtsstern *(Euphorbia pulcherrima)* besitzt solche leuchtend farbigen, blattförmigen Brakteen, genau wie das Glanzkölbchen *(Aphelandra)*, bei dem sie mit den eher unscheinbaren echten Blüten einen ährenförmigen Blütenstand bilden. Brakteen sind unter Umständen viel langlebiger als die Blüten selbst.

Bromelien
Mitglieder der sehr umfangreichen, rund 1000 Arten umfassenden Familie der Ananasgewächse (Bromeliaceae). Meist mehr oder minder stengellose Pflanzen, die überwiegend als Epiphyten auf Bäumen leben und aus ihren steifen, oft stacheligen Blättern häufig trichterförmige und wasserspeichernde Rosetten (Zisternen) bilden, aus denen sie sich während der Wachstumsperiode mit Feuchtigkeit und Nährstoffen versorgen.

Bromelienstamm

Eine der Natur nachempfundene Art Bromelien auszustellen, die sehr dekorativ, aber auch pflegeintensiv ist. Auf einem alten, verzweigten, fest verankerten (vielleicht sogar einzementierten) Stamm werden die Pflanzen mit Draht an Ästen befestigt oder zusammen mit Torfmoos (Sphagnum) in Astlöcher und -gabeln gesteckt. Die Bromelien müssen regelmäßig mit Wasser besprüht werden, da sie eine hohe Luftfeuchtigkeit brauchen und leichter als in Töpfen austrocknen können. Wichtig ist, daß der Bromelienstamm mit seinen Bewohnern im Haus genügend Licht bekommt.

Calyx (Blütenkelch)
Äußerer Schutz der Blüte aus umgewandelten, meist grünen und an ihrer Basis schalen-, trichter- oder röhrenförmig miteinander verbundenen Blättern (Kelchblättern).

Kapillarkräfte
Kräfte, die dafür sorgen, daß Flüssigkeiten in eng begrenzten Räumen (Kapillaren) nach oben steigen. Den Kapillarkräften ist es zu verdanken, daß Wasser zwischen den Bodenpartikeln hindurch an die Pflanzenwurzeln gelangt.

Chlorose
Blattkrankheit, bei der die Blätter durch einen Mangel an grünem Farbstoff (Chlorophyll) ausgeblichen oder gelblich verfärbt sind. Ursache hierfür ist meist das Fehlen bestimmter wichtiger Spurenelemente im Boden.
Pflanzen, die auf saure Böden angewiesen sind, können chlorotisch werden, wenn sie auf einer zu kalkhaltigen Erde gezogen werden, weil Kalk die Aufnahme bestimmter wichtiger Mineralien hemmt. Chlorotische Pflanzen sollten daher mit saurem Humus (*siehe* Rhododendronerde), Eisenchelatverbindungen oder einem Spurenelementdünger behandelt und nur mit weichem, also kalkfreiem Wasser gegossen werden.

Blumentopferde
Für Topfpflanzen spielt die richtige Erde eine große Rolle. Frühere Gärtnergenerationen pflegten ihre eigenen Spezialmischungen herzustellen aus Bestandteilen, die heutzutage kaum jemand zur Hand hat. Gemeint sind z.B. Laubhumus, ein hochwertiger Lehm, Knochenmehl, gut verrotteter Schafsmist, zerbröselter Mörtel, zerstoßene Ziegelsteine und sogar zerbrochene Tonscherben. Glücklicherweise gedeihen die meisten Pflanzen auch recht gut in den heute angebotenen, modernen Blumentopferden. Manche Zimmergewächse stellen allerdings besondere Ansprüche an ihr Pflanzsubstrat. Eine ausgesprochene Vorliebe für torf- oder lehmhaltige bzw. stark saure Erde wurde bei den jeweiligen Topfpflanzen im ersten Kapitel dieses Buches immer ausdrücklich erwähnt.
Lehmhaltige Erdmischungen. Besitzen von Natur aus einen Vorrat an Nährstoffen, der bei Pflanzerden auf reiner Torfbasis nicht vorhanden ist. Nährstoffe werden aus Lehm auch nicht so schnell ausgewaschen. Zudem läßt sich die Feuchtigkeitszufuhr bei lehmhaltiger Erde wesentlich leichter regeln als bei Torferde, die viel schneller völlig austrocknet. Das größere Gewicht von Lehmerde kann ebenfalls von Vorteil sein; dann nämlich, wenn eine Pflanze im oberen Bereich relativ schwer ist und daher schnell umzukippen droht.
Torfhaltige Erdmischungen. Pflanzsubstrate auf Torfbasis sind in ihrer Qualität weniger variabel als lehmhaltige Erden. Sie lassen sich zwar besser nach Hause tragen (da sie wesentlich leichter sind) und auch gut und „sauber" verteilen. Leider werden sie aber leicht zu naß und lassen sich, wenn sie einmal ganz ausgetrocknet sind, schwer wieder befeuchten. Da sie schneller ausgelaugt sind, muß man auch der Düngung mehr Aufmerksamkeit schenken.
Sowohl den lehm- als auch den torfhaltigen Topferden wird Kalk beigemengt, um einen für die meisten Pflanzen günstigen pH-Wert einzustellen. Pflanzen, die keinen Kalk vertragen, sollten daher in Rhododendronerde gesetzt werden.

Topfscherben
Werden in älteren Gartenbüchern häufig erwähnt, da man früher kaum andere Pflanzgefäße als Tontöpfe kannte und bei jedem Bruch eine Menge neuer Scherben hatte, die man z.B. mit der gebogenen Seite nach oben über das große Abflußloch eines anderen Topfes legen konnte. Tontöpfe sind noch immer recht nützlich (*siehe* Pflanzgefäße).

Wurzelhals
Bereich zwischen Sproß und Wurzel, der sich in der Regel direkt an der Erdoberfläche oder etwas darunter befindet und aus dem sowohl neue Wurzeln als auch Sprosse treiben.

Cultivar
Wissenschaftliche Bezeichnung für eine Kultursorte *(cultivated variety).* In der Natur auftretende „Sorten", d.h. Pflanzen, die genetisch bedingte Abweichungen zeigen und örtliche Populationen bilden, werden als Varietäten bezeichnet. Sie werden lateinisch benannt und ihr Name (klein und kursiv geschrieben) folgt auf den lateinischen Artnamen (z.B. *Ophrys apifera var. bicolor*). Die meisten Sorten entstehen allerdings bei der Kultivierung von Pflanzen durch gezielte Züchtung oder manchmal auch durch reinen Zufall. Solche Cultivare erhalten Namen in unterschiedlichen Sprachen und werden groß, nicht kursiv und mit einfachen Anführungszeichen geschrieben (z.B. *Campanula latifolia* 'Alba').

Familie
Systematische Gruppe innerhalb der Pflanzenwelt. Botaniker ordnen einer Familie all die Gewächse zu, die sich durch bestimmte charakteristische Merkmale von anderen Familien unterscheiden. Der lateinische Familienname endet immer auf 'ae'. Beispiele: Araliaceae, Bromeliaceae, Cactaceae.

Stecklinge
Als Stecklinge werden sowohl Triebe und Triebspitzen (Kopfstecklinge) als auch Blattknospen und Blätter (*siehe* Blattknospenstecklinge und Blattstecklinge) verwendet. Zumeist benutzt man jedoch Trieb(Sproß)stecklinge, die während der Frühlings- und Sommermonate leicht und schnell Wurzeln treiben. Außer bei der Vermehrung von strauchigen Pflanzen, deren Stengel schon älter und härter sind, werden in der Regel weiche Stecklinge verwendet. Man wählt kräftige, gesunde Triebe aus, die frei von Schädlingen sind, schneidet diese jeweils unter einem Sproßknoten ab, entfernt die unteren Blätter und steckt den Stengel in die Erde. Zur Beschleunigung der Wurzelbildung können Bewurzelungshormone in flüssiger oder pulverisierter Form eingesetzt werden; bei vielen Stecklingen ist eine solche Behandlung jedoch überflüssig, da sie zum Teil sogar in reinem Wasser Wurzeln treiben. Zur Bewurzelung von Stecklingen verwendet man einen normalen Pflanzhumus, eine Aussaaterde oder ein mineralisches Substrat wie Vermiculit oder Perlit. Blumentopferde könnte eine für die Stecklinge zu hohe und daher schädliche Menge an Nährstoffen enthalten. Ein Vermehrungskasten kann bei der Aufzucht von schwie-

rigen Stecklingen eine wertvolle Hilfe sein. Die meisten Zimmerpflanzen, die man durch Stecklinge vermehrt, lassen sich jedoch auch in einem warmen Zimmer, auf einer hellen Fensterbank aufziehen. Wichtig ist dabei jedoch, daß man durch eine Abdeckung aus Kunststoffolie für die nötige hohe Luftfeuchtigkeit sorgt und verhindert, daß die Pflänzchen durch direkte Sonneneinstrahlung überhitzt und so geschädigt werden.

Teilung
Vermehrungsmethode, bei der aus älteren Pflanzen Teilpflanzen entstehen, die dann separat eingepflanzt und als neue Pflanzen aufgezogen werden.
Kann nur bei den Pflanzen angewandt werden, die ein verzweigtes Wurzelsystem und eine Anzahl, von der Basis ausgehender Triebe besitzen, so daß beim Zerteilen der Basis Teilpflanzen mit eigenen Wurzeln und Trieben entstehen.
Bei vielen Farnen ist die Vermehrung durch Teilung wesentlich leichter und schneller als die Aufzucht aus Sporen. Ältere Usambaraveilchen, die mehrere Rosetten gebildet haben, lassen sich ebenfalls leicht teilen. Man nimmt die Pflanze einfach aus ihrem Topf, schüttelt lose Erde ab und teilt den feuchten Wurzelballen, indem man ihn mit den Händen auseinanderzieht. Fleischige Pflanzen können auch mit einem scharfen Messer auseinandergeschnitten werden.

Ruhephase
Zeitabschnitt, in dem eine Pflanze ihr Wachstum vorübergehend einstellt. Die Mehrzahl der Pflanzen ruht während der Wintermonate, manche, wie etwa die Narzissen, auch im Sommer oder zu anderen Jahreszeiten. Die Ruhephase muß aber nicht unbedingt mit einem Verlust der Blätter einhergehen. Ohne Kälteperiode verzichten manche Pflanzen auf ihre winterliche Ruhephase; dies kann ihnen (langfristig gesehen) jedoch schaden und die Blütenbildung beeinträchtigen.

Epiphyten
Pflanzen, die nicht auf dem Boden wachsen, sondern sich an ein Leben über dem Boden, zumeist auf den Ästen von Bäumen, angepaßt haben und daher auch als Aufsitzerpflanzen bezeichnet werden (*epi* bedeutet auf, *phyton* heißt Pflanze). Typische Beispiele für Epiphyten sind viele Arten der Bromelien und Orchideen. Sie können sich mit

ihren Wurzeln an Ästen oder Felsen festhalten, Feuchtigkeit aus der Luft aufnehmen oder Regenwasser in einer Zisterne sammeln und, obwohl sie nicht parasitisch leben, organische Substanzen aus verrottenden Pflanzen und Insekten nutzen.

Rhododendronerde
Saure Erde, die viel Humus, aber nur sehr wenig oder überhaupt keinen Kalk enthält, da Heidekrautgewächse *(Ericaceae)*, zu denen auch die Rhododendren gehören, keinen Kalk vertragen. Unter den kalkmeidenden Pflanzen gibt es aber auch Angehörige vieler anderer Familien.
Rhododendronerde wird sowohl auf Lehm- als auch auf Torfbasis angeboten; sie ist jedoch nicht, wie normale Gartenerde, überall erhältlich.

Immergrün
Eine Pflanze, die ihre Blätter nicht wie ein laubwerfender Baum oder Strauch alle auf einmal, sondern nach und nach, wenn neue Blätter erscheinen, abwirft und hierdurch immer grün aussieht.

Corymbus
Auch als Doldenrispe oder Ebenstrauß bezeichneter Blütenstand, bei dem die Einzelblüten schirmartig in einer Ebene liegen.

Photosynthese
Ein in allen grünen Zellen einer Pflanze ablaufender Vorgang, bei dem das Kohlendioxid der Luft und Wasser aus dem Boden zu Traubenzucker und Sauerstoff umgewandelt werden. Die hierzu notwendige Energie bezieht die Pflanze aus dem Sonnenlicht, das vom Blattgrün (Chlorophyll) aufgenommen wird. Der Traubenzucker wird von der Pflanze entweder zur Energiegewinnung bei der Atmung verwendet oder in Form von Stärke in Samen, Früchten, Wurzeln oder anderen Organen gespeichert. Der Sauerstoff wird an die Umgebung abgegeben.

Monokarpische Pflanze
Obwohl nur ein- und zweijährige Pflanzen diese Bedingungen erfüllen, wird die Bezeichnung eher auf ausdauernde Gewächse angewendet, die jahrelang wachsen, bevor sie blühen und absterben, wie z. B. die Agave.

Blattknospenstecklinge

Blattknospenstecklinge gewinnt man, indem man einen Sproßabschnitt mit Blättern und einer Anzahl noch nicht entwickelter Achselknospen in Stücke schneidet und diese Stücke mit den bereits vorhandenen Blättern in Erde setzt.
Große Blätter wie die des Gummibaums werden dabei zusammengerollt und mit einem Gummiband gehalten, um den durch Verdunstung bedingten Wasserverlust zu reduzieren. Blattknospenstecklinge eignen sich hauptsächlich für die kommerzielle Pflanzenproduktion. Sonst werden nur wenige Pflanzen durch sie vermehrt.

Düngung
Die meisten Pflanzen müssen gedüngt werden (*siehe* Dünger). Bei Überdüngung kann es zu einer für die Pflanze schädlichen Anreicherung von Salzen kommen. Manche Pflanzen neigen auch dazu, bei regelmäßiger Düngung zu schnell und zu stark zu wachsen. Daher werden im ersten Teil dieses Buches Angaben darüber gemacht, wie häufig eine bestimmte Pflanzenart gedüngt werden sollte. Dies kann jedoch nur ein vager Hinweis auf den Bedarf der jeweiligen Pflanze sein, da die Häufigkeit der Düngung auch von der Art und der Konzentration des jeweiligen Düngers abhängt.

Dünger
Die meisten (aber nicht alle) Pflanzen sehen schöner und gesünder aus, wenn man sie düngt.
Die Entscheidung darüber, welches der beste Dünger ist, hängt sowohl von der eigenen Sorgfalt bei der Pflege der Pflanzen als auch von der Zusammensetzung und der Anwendungsform des Düngers ab.
Flüssigdünger (und lösliche Düngesalze) sind beliebt, aber nur dann zuverlässig, wenn man sie regelmäßig und sorgfältig anwendet. Dies bedeutet, daß man das Kleingedruckte liest und rechnen muß, um den Dünger richtig zu dosieren. Wichtig ist auch, daß manche Dünger so verdünnt sind, daß sie den meisten Pflanzen bei fast jedem Gießen verabreicht werden können, während andere Dünger aufgrund ihrer viel höheren Konzentration wesentlich seltener gegeben werden müssen.
Es ist ein Irrtum zu glauben, daß Zimmerpflanzen nur mit teurem Spezialdünger behandelt werden können; ein meist wesentlich billigerer Gartendünger ist für Hauspflanzen nämlich ebenso geeignet.
Manche Dünger lassen sich in Tropfenform direkt in den Topf geben. Man weiß dann zwar, wieviel man einer bestimmten Pflanze gegeben hat, muß das Mittel aber doch mit Wasser in die Erde spülen. Außerdem muß die Topferde vor dem Düngen ohnehin feucht sein.
Viele Flüssigdünger können auch als Blattdünger (*siehe* Blattdüngung) verabreicht werden, obwohl dies normalerweise nicht nötig ist.
Düngestäbchen oder *-pellets,* die man einfach in die Erde schiebt, damit sie dort die in ihnen enthaltenen Nährstoffe langsam, über Wochen und Monate abgeben, sind eine Alternative für all diejenigen, die häufiges Düngen lästig finden. Es gibt aber auch Langzeitdünger, die man in die Erde einarbeiten oder auf der Topferde verteilen kann.
Pflanzen können auch überdüngt werden. Zuviel Dünger kann besonders bei empfindlichen Pflanzen (wie z.B. Orchideen) Schäden hervorrufen.
Gedüngt werden sollte daher nur, wenn die Pflanze die verabreichten Nährstoffe auch wirklich braucht. Während der Ruhephase darf also kein Dünger gegeben werden. Dünger, der noch in der Erde enthalten ist, ist jedoch in der Regel kein Problem, da viele Nährstoffe nur dann freigesetzt werden, wenn es so warm ist, daß auch das Wachstum wieder einsetzt.

Blattfarbstoffe
Der wichtigste Blattfarbstoff ist das für die Lichtabsorption bei der Photosynthese verantwortliche grüne Chlorophyll. Außerdem kommen in Blättern auch noch Karotinoide (gelb, rot) und Anthocyane (purpur) vor.

Einzelblüte

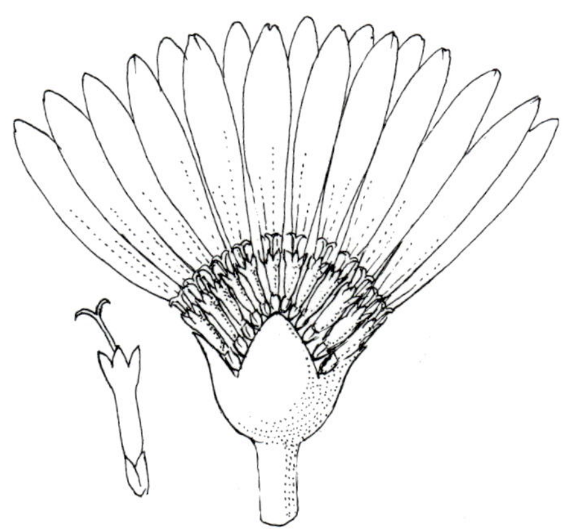

Eine Blüte, die zusammen mit anderen Blüten einen größeren Blütenstand bildet. Bei den Korbblütlern (z.B. Margeriten, Gänseblümchen, Sonnenblume) besteht jede „Blume“ aus einer Vielzahl z.T. unterschiedlich geformter, kleiner Einzelblüten, die dicht gedrängt in sog. Köpfchen angeordnet sind.

Blattdüngung
Einige Dünger werden speziell für die Blattdüngung angeboten. Viele normale Flüssigdünger oder Düngesalze, die in Wasser aufgelöst werden, können jedoch ebenfalls für diesen Zweck verwendet werden, da die Pflanzen sie ohne weiteres über ihre Blätter aufnehmen. In der Regel nutzt Blattdüngung nicht mehr als Wurzeldüngung. Bei Pflanzen, die wie manche Tillandsien Feuchtigkeit und Nährstoffe hauptsächlich aus der Luft aufnehmen, weil sie keine oder nur kümmerlich entwickelte Wurzeln haben, ist ein schwacher Blattdünger, den man mit dem Wasser über die Blätter sprüht, jedoch sehr nützlich.

Wedel
Bezeichnung für die meist gefiederten und überhängenden Blätter von Farnen und Palmen.

Fungizide
Chemische Substanzen, mit denen schädliche Pilze abgetötet oder zumindest an weiterer Ausbreitung gehindert werden. Zur Behandlung von Zimmerpflanzen bieten sich systemisch wirkende Fungizide an. Sie können zwar weniger wirkungsvoll sein als Mittel, die direkt auf die Blattoberfläche gesprüht werden, lassen sich im Haus aber besser anwenden.

Gattung
Systematische Gruppe aus nahe miteinander verwandten Arten (*siehe* Art). Der erste Teil des wissenschaftlichen Artnamens ist der Gattungsname; er wird groß und kursiv geschrieben (z.B. *Aechmea* oder *Philodendron*). Gattungen können eine oder mehr als tausend Arten enthalten und werden ihrerseits in Familien zusammengefaßt.

Keimung
Das Erscheinen einer neuen Pflanze aus einem Samen. *Siehe* Samen.

Glochiden
Winzige, mit Widerhaken ausgestattete Borsten, die bei manchen Kakteen anstelle von oder zusätzlich zu größeren Dornen auf den Areolen (*siehe* Areole) zu finden sind.

Grauschimmel
Pilzerkrankung, die an ihrem grauen, flaumigen Schimmelrasen zu erkennen ist (*siehe* Botrytis).

Wachstumsregulatoren
Substanzen, die man selbst nicht im Handel kaufen kann, die aber in großem Umfang von Züchtereien benutzt werden, um das Längenwachstum von Pflanzen zu hemmen, die von Natur aus lange Triebe bilden. Auf diese Weise entstehen handlich kleine, buschige Pflanzen, die sich gut verkaufen lassen, weil sie hübsch aussehen und sich auch gut als Zimmerdekoration eignen. Beispiele hierfür sind die Weihnachtssterne und die als Topfpflanzen gehandelten Chrysanthemen. Selbstgezogene, nicht chemisch vorbehandelte Pflanzen werden leider nie so schön und buschig aussehen wie ihre gekauften Artgenossen.

Halbwinterhart
Bezeichnung für Pflanzen, die leicht durch Frost geschädigt werden. Wird meistens für einjährige Sommerblumen verwendet, die zwar den Sommer, nicht aber den Winter im Freien verbringen können.

„Hartes" Wasser
Wasser, das viel Kalk enthält. Ist schädlich für Pflanzen, die saure Wachstumsbedingungen brauchen (*siehe* Wasser).

Winterhart
Bezeichnung für Pflanzen, die im Winter nicht durch Frost abgetötet werden. Es gibt jedoch graduelle Unterschiede. Je länger nämlich eine Frostperiode andauert, um so größer ist auch die Anzahl der Pflanzen, die erfrieren.

Honigtau
Süßes, klebriges Sekret, das durch pflanzensaugende Insekten wie Blattlaus oder Weiße Fliege auf Blättern hinterlassen wird. Wird oft von einem häßlichen schwarzen Schimmelpilz besiedelt, was die Pflanze sehr verunstaltet. Abhilfe: Schadinsekten müssen beseitigt werden.

Bewurzelungshormone

In Form von Pulvern oder Flüssigkeiten angebotene Pflanzenhormone, mit denen die Wurzelbildung bei schwierigen Stecklingen gefördert werden kann. Benutzt werden vor allem die synthetischen Wuchshormone Naphthylessigsäure (NAA) und Indolylbuttersäure (IBA). Es gibt allerdings Hinweise darauf, daß IBA wirksamer ist als NAA. Viele Zimmerpflanzen-Stecklinge bilden jedoch auch ohne solche Hilfsmittel bereitwillig Wurzeln.

Luftbefeuchter
Eine Vorrichtung, die von Zeit zu Zeit fein zerstäubtes Wasser abgibt, um so eine hohe Luftfeuchtigkeit zu erzeugen. Verdampfer dienen dem gleichen Zweck, indem sie Wasser erhitzen und dampfförmig entweichen lassen. Sie sind ebenso leistungsfähig, dabei aber völlig geräuschlos.

Luftfeuchtigkeit
Wasserdampfgehalt der Atmosphäre, der meist in Prozent angegeben wird (relative Luftfeuchtigkeit), wobei 100% Luftfeuchtigkeit bedeuten, daß die Atmosphäre völlig mit Wasserdampf gesättigt ist. Je höher die Temperatur ist, desto mehr Feuchtigkeit kann die Luft allerdings aufnehmen, bis sie gesättigt ist. Bei Wärme, also im Sommer oder in zentralbeheizten Räumen, ist es daher schwieriger eine mit Feuchtigkeit gesättigte Atmosphäre zu erzeugen als bei niedrigeren Temperaturen. In zentralbeheizten Räumen herrscht ohnehin oft eher ein Wüstenklima mit einer relati-

ven Luftfeuchtigkeit von nur 20–30 %, statt der von tropischen Urwaldpflanzen benötigten 70–90 %.
Die Folge ist, daß sich die Blätter vieler Zimmerpflanzen bald gelb oder braun verfärben und verdorren. Dabei gilt, daß Pflanzen mit dünnen, pergamentartigen Blättern empfindlicher sind als Pflanzen mit dicken, fleischigen Blättern. Eine trockene Atmosphäre begünstigt zudem die Ausbreitung der Roten Spinne. Mit einem Luftbefeuchter läßt sich ein Feuchtigkeitsgrad von 40–60% aufrechterhalten, mit dem sowohl Zimmer-

pflanzen als auch Menschen leben können.
Ist eine gleichbleibend hohe Luftfeuchtigkeit nicht zu erzielen, können einzelne Pflanzen aber auch durch regelmäßiges Besprühen, oder indem man ihre Töpfe in einen mit feuchtem (nicht nassem !)Torf gefüllten Behälter stellt, mit Feuchtigkeit versorgt werden. Dieser Behälter sollte in seiner Größe jedoch der Größe der Pflanze angepaßt sein. Platzsparender und schöner ist es, wenn man mehrere verschiedene Pflanzen in einem großen Container anordnet.

Hybride
Pflanze, die aus der Kreuzung zweier verschiedener Arten oder, sehr viel seltener, zweier verschiedener Gattungen hervorgegangen ist. Kreuzungen innerhalb einer Art können ebenfalls als Hybriden bezeichnet werden, wenn zwei reinrassige Sorten gekreuzt wurden. Aus solchen Kreuzungen resultierende Pflanzen (sog. F1- Hybriden) besitzen in der Regel eine größere Wuchskraft als ihre Elternpflanzen. Hybriden dieser Art gibt es unter anderem von *Achimenes, Begonia, Calceolaria, Cyclamen* und *Primula.*

Hydrokultur
Eine Methode, Pflanzen ohne Erde, in einer speziellen Nährlösung zu ziehen. Man kann zwar Blähtonkugeln und Nährlösung kaufen, um damit eine Pflanze in einen bereits vorhandenen Behälter zu setzen, sollte als Anfänger jedoch lieber mit einer bereits in einem Hydrokulturtopf aufgezogenen Pflanze beginnen.
Sie ist ideal für jemanden, der seine Zimmerpflanzen oft mehrere Tage oder gar Wochen nicht pflegen kann, da nur von Zeit zu Zeit Wasser nachgefüllt und nur jedes halbe Jahr neue Nährlösung gegeben werden muß.
Viele Pflanzen lassen sich sehr gut in Hydrokultur ziehen. Nachteilig ist lediglich, daß diese Kulturmethode teurer ist als die herkömmliche Kultur in Erde. Normal gezogene Zimmerpflanzen auf Hydrokultur umzustellen, ist zwar möglich, aber nicht leicht. Hierzu Anleitungen zu geben, würde den Rahmen dieses Buches sprengen.

Aus der Tatsache, daß in Hydrokultur gezogene Pflanzen mit ihren Wurzeln im Wasser stehen, darf nicht geschlossen werden, daß Pflanzen auch ohne weiteres in nasser Erde wachsen können! Hydrokulturpflanzen bilden nämlich ein anderes Wurzelsystem aus und haben in ihren Spezialtöpfen oberhalb des Wasserspiegels auch einen Luftraum, aus dem die Wurzeln Sauerstoff beziehen können. In staunasser Erde sterben Wurzeln dagegen schnell ab, und die Pflanzen gehen ein.

Hydrokultur

Blütenstand (Infloreszenz)
Von dem vegetativen Teil einer Pflanze meist deutlich abgesetzter generativer Teil; besteht aus einer bis vielen Blüten, die auf unterschiedlichste Weise angeordnet sein können. Weit verbreitete Blütenstände sind: Ähren, Trauben, Rispen, Dolden, Köpfchen und Körbchen. Bei vielen Zimmerpflanzen sind es vor allem die stark farbigen und oft lange haltbaren Hochblätter (Brakteen) oder große farbige Hüllblätter (Spathae), die die Blütenstände so dekorativ machen. Beispiele hierfür sind die Blütenstände der Bromelien bzw. von *Anthurium* (Flaminoblume) oder *Zantedeschia* (Zimmerkalla).

Insektizide
Chemische Substanzen zur Bekämpfung von Schadinsekten. Lassen sich im Pflanzenschutz einteilen in systemische Mittel, die von der Pflanze aufgenommen und im Gefäßsystem und Gewebe verteilt werden, sowie Kontaktgifte, die bei Berührung wirken. Systemische Gifte dienen vor allem zur Bekämpfung saugender Schadinsekten (z.B. von Blattläusen).
Insektizide für Zierpflanzen gibt es in großer Auswahl und unterschiedlicher Darreichungsform (in Sprühdosen, als flüssige Konzentrate, die mit Wasser verdünnt und gespritzt werden, als Pulver bzw. Granulat oder Stäbchen).
Die Anweisungen des Herstellers sollten bei der Anwendung jedoch genau beachtet werden, da die Mittel nicht nur für Schädlinge, sondern auch für den Menschen, Säugetiere, Fische und nützliche Insekten stark giftig sein können. Außerdem können nicht alle Mittel, die im Garten gute Dienste leisten, auch im Haus sorglos angewendet werden.
Von Schädlingen befallene Zimmerpflanzen sollte man daher zunächst mit einer einigermaßen sicheren, pyrethroidhaltigen Spritzbrühe oder mit systemisch wirkenden Mitteln behandeln, die man in Stäbchenform in die Topferde stecken kann, wo sie beim Gießen langsam abgegeben werden. Nutzt dies alles nichts, so bleibt noch die Möglichkeit, die befallene Pflanze ins Freie zu bringen und dort mit einem wirksameren Mittel zu behandeln.

Lanzettlich

Bezeichnung für ein lanzenförmiges Blatt mit einer kräftig ausgeprägten, langen, geraden Mittelrippe.

Seitentrieb
Jeder Trieb, der unterhalb der Spitze vom Haupttrieb abzweigt.

Internodium
Abschnitt der Sproßachse zwischen zwei Nodien oder Knoten (Blattansatzstellen).

Absenken
Ein Vermehrungsmethode, bei der ein Trieb durch Kontakt mit der Erde zur Wurzelbildung angeregt wird. Bei Zimmerpflanzen wendet man zumeist eine Variante des Absenkens, nämlich das Abmoosen (*siehe* Abmoosen) an. Bei einigen kriechenden oder kletternden Pflanzen mit langen Trieben lassen sich aber auch normale Absenker herstellen. Ein passender Trieb wird an geeigneter Stelle in einen Topf mit Erde gedrückt und dort mit einem Kieselstein oder einer Drahtschlinge festgehalten. Oft läßt sich die Wurzelbildung auch durch eine kleine Verletzung des Stengels (kleiner Einschnitt etc.) und eine nachfolgende Behandlung mit Bewurzelungshormon fördern. Während der Wurzelbildung (die Monate in Anspruch nehmen kann) muß die Erde immer feucht gehalten werden. Erst wenn der Absenker genügend eigene Wurzeln gebildet hat, wird er von der Mutterpflanze getrennt. Da das Absenken von Zimmerpflanzen recht aufwendig und langwierig sein kann, sollte man, wo dies möglich ist, lieber neue Pflanzen aus Stecklingen aufziehen. Pflanzen, die sich gut durch Absenken vermehren lassen, sind Efeu- und Philodendron-Arten.

Absenker
Durch Absenken (*siehe* Absenken) entstandene Jungpflanze.

Absenken

Blattstecklinge

Durch Blattstecklinge lassen sich einige beliebte Zimmerpflanzen, wie etwa Usambaraveilchen, Bogenhanf und viele Begonien vermehren.

Blattstecklinge mit Stiel werden verwendet zur Vermehrung von Usambaraveilchen, Zwergpfeffer *(Peperomia caperata)* und vielen Begonien (aber nicht *B. rex*). Man wählt hierzu neue, aber voll entwickelte, kräftige Blätter

aus, schneidet sie mit einem scharfen Messer so ab, daß jeweils etwa 5 cm Stiel am Blatt verbleiben und steckt sie mit dem Stiel in einen Topf mit Ver-

mehrungserde (die Blattspreiten sollten nahezu flach auf der Erdoberfläche liegen). Dann wird die Erde rings um die Blattstiele angedrückt; die Stecklinge werden mit einem Fungizid gegossen und der Topf in einen Vermehrungskasten gestellt oder mit einer Plastiktüte

abgedeckt. Die Stecklinge kommen an einen warmen, hellen Platz ohne direkte Sonne und werden nur sparsam gegossen, bis sie Wurzeln getrieben haben. Daß sich Wurzeln gebildet haben, erkennt man daran, daß an den Blattstielen neue Pflänzchen wachsen.

Blattstecklinge aus Blattstücken werden zur Vermehrung von Gloxinien und

Drehfrucht *(Streptocarpus)* verwendet, deren Blätter eine kräftige Mittelrippe besitzen. Für die Herstellung von Blattstecklingen wird ein junges, unversehrtes, aber voll entwickeltes Blatt einer gesunden Pflanze ausgewählt. Dieses wird durch Querschnitte in etwa 5 cm breite Streifen geschnitten, die alle aus einem Stück Blattrippe und (rechts und links davon) zwei Abschnitten der Blatt-

spreite bestehen. Man drückt die Stecklinge gerade so tief senkrecht in die Erde, daß sie aufrecht stehen bleiben, besprüht sie mit einem Fungizid und

behandelt sie dann wie Blattstecklinge mit Stiel. Auf gleiche Weise wird auch der Bogenhanf vermehrt, obwohl er nicht über eine Mittelrippe verfügt.

Blattquadrate oder eingeschnittene Blätter können zur Vermehrung von Königsbegonien *(Begonia rex)* und verwandten Arten verwendet werden. Um junge Pflanzen aus eingeschnittenen

Blättern zu ziehen, dreht man ein Blatt um und durchtrennt zunächst mit einem scharfen Messer dessen Hauptadern in

Abständen von etwa 2,5 cm. Das so vorbehandelte Blatt wird dann flach auf feuchte Vermehrungserde gelegt und so befestigt, daß es mit der Erde in Kontakt bleibt. Die weitere Behandlung entspricht der für andere Blattstecklinge.

Man deckt den Topf jedoch mit einer Glasscheibe ab. Neue Pflänzchen bilden sich in etwa einem Monat.
Alternativ kann man das Blatt auch in Quadrate (etwa 2 x 2 cm) zerschneiden und diese mit der Unterseite auf Erde legen. Blattstücke, die sich nicht flach ausbreiten lassen, müssen senkrecht in Erde gesteckt werden.

Blättchen
Teil eines zusammengesetzten Blattes, das selbst wie ein kleines Blatt aussieht.

Laubhumus
Aus verrotteten Blättern entstandener nährstoffreicher Humus mit lockerer, krümeliger Struktur, der sich besonders zur Bodenverbesserung für Schattenpflanzen eignet, da diese häufig aus einer Waldumgebung mit ähnlichem Boden stammen.

Blattglanzmittel
Wenn man Wert darauf legt, daß die Blätter von Zimmerpflanzen glänzen, so kann man diese mit einer Kernseifenlösung abwaschen oder mit einem im Handel erhältlichen Blattglanzmittel behandeln.
Man verwendet solche Mittel jedoch besser nicht bei niedrigen Temperaturen, oder wenn die Pflanze der direkten Sonne ausgesetzt ist. Auch empfiehlt es sich, das Glanzmittel erst auf wenigen Blättern auszuprobieren, bevor man die ganze Pflanze damit einreibt, da manche Pflanzen auf bestimmte Produkte empfindlich reagieren.

Blattfleckenkrankheit
Blattflecken können durch verschiedene Pilze, Bakterien oder durch sehr ungünstige Wachstumsbedingungen verursacht werden.

Basaltrieb
Trieb, der aus der Basis einer Pflanze sprießt. Wird im Frühling, wenn die Pflanze wieder zu wachsen beginnt, bisweilen abgeschnitten und als Basalsteckling zur Vermehrung der Pflanze verwendet.

Licht
Im Haus leiden Pflanzen sehr viel eher unter einem Lichtmangel als an mangelnder Wärme oder Feuchtigkeit. Es gibt nur wenige Zimmerpflanzen, die auch in einer dunklen Raumecke gedeihen. Farne oder Efeu-Arten können dort zwar eine Zeitlang (ein bis zwei Monate) als Dekoration überleben, werden dann aber auch langsam eingehen.

Licht

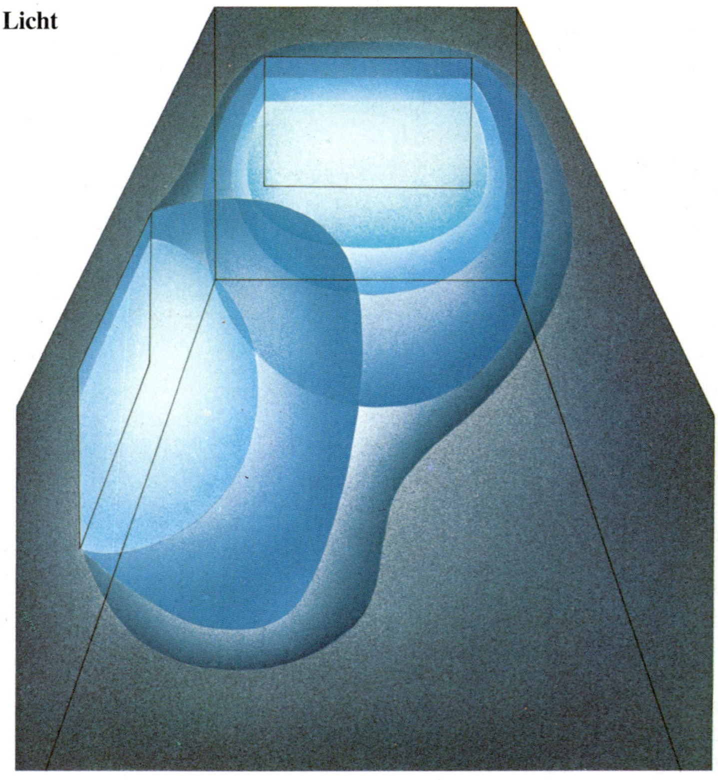

Genauso schädlich wie zu wenig Licht ist für die meisten Zimmerpflanzen aber auch direktes, intensives Sonnenlicht. Die durch das Fensterglas einfallenden Sonnenstrahlen vermögen die Blätter so zu schädigen, daß unansehnliche trockene, braune Flecken entstehen.
Verantwortlich ist hierfür vor allem die örtlich entstehende, zu große Hitze. Viele der so geschädigten Pflanzen können nämlich Sonnenstrahlung im Freien ohne weiteres vertragen, da dort die Blattoberfläche ständig durch einen leichten Luftzug gekühlt wird.
Für die meisten Zimmerpflanzen wurde im ersten Teil des Buches ein heller Standort, gleichzeitig aber auch Schutz vor intensiver Mittagssonne empfohlen. Der ideale Standort für die meisten Pflanzen ist also ein Platz am Fenster, der nie direkt von der Sonne beschienen wird. Gut sind auch Stellen, die nur von Morgen- oder Abendsonne erreicht werden. Als Alternative bieten sich Jalousien, Vorhänge oder ähnliches an, um die Sonnenstrahlung zu dämpfen. Auch weiße Tüllgardinen bieten schon einen gewissen Schutz.
Je weiter Pflanzen vom Fenster entfernt stehen, desto mehr leiden sie in der Regel an Lichtmangel, da die Lichtintensität mit dem Quadrat der Entfernung zur Lichtquelle abnimmt. Mit anderen Worten: wenn eine Pflanze doppelt so weit vom Fenster entfernt aufgestellt wird, bekommt sie nur noch ein Viertel des Lichts.

Lehm
Eine in vieler Hinsicht ideale, weder naß-schwere noch sandig-trockene Erde mit faseriger Struktur. Ist eine ausgewogene Mischung aus Ton, Schluff, Sand und Humus und bildet einen der wesentlichen Bestandteile traditioneller Pflanzerden.

Lehmfreie Pflanzerde
Nicht alle angebotenen Humussorten enthalten Lehm. Viele Mischungen basieren auch auf Torf, einige sogar auf Materialien wie Vermiculit.

Langtagspflanzen
Pflanzen, die Blüten ansetzen, wenn die Tage lang und die Nächte kurz sind. Sie beginnen zu blühen, wenn sie eine Zeitlang jeden Tag mehr als zwölf Stunden Licht bekommen haben.

Wolläuse
Leicht zu identifizierende Schädlinge, da junge Tiere durch einen weißen, wolligen Überzug geschützt sind. Ist der Befall gering, können die kleinen Insekten abgesammelt oder mit einem zuvor in Spiritus getauchten Pinsel entfernt werden. Bei starkem Befall kann ein systemisch wirkendes Insektizid oder ein Spray gegen sie eingesetzt werden (letzteres nur draußen !).

Mikroklima
Die Umweltbedingungen in unmittelbarer Nähe einer Pflanze. Manchmal gelingt es, durch örtliche Zufuhr von Wärme und Feuchtigkeit (z.B. durch Besprühen) für eine Zimmerpflanze ein für sie günstigeres Mikroklima in einem sonst weniger geeigneten Raumklima zu schaffen. Das Mikroklima verbessert sich ebenfalls, wenn Zimmerpflanzen in Gruppen angeordnet werden. Die zwischen den Pflanzen entstehende höhere Luftfeuchtigkeit entspricht nämlich eher natürlichen Wachstumsbedingungen.

Gewebekulturen (Vermehrung durch)
Vermehrungsmethode, bei der im Labor aus Zellklumpen, die unter sterilen Bedingungen auf synthetischen, festen Nährmedien wachsen, neue Pflanzen herangezogen werden. Wird angewendet, wenn zu gewerblichen Zwecken eine große Anzahl identischer Pflanzen produziert werden soll oder wenn auf diesem Weg virusfreie Pflanzen gezüchtet werden können.

Mittelrippe
Hauptrippe, die ein Blatt in Längsrichtung in zwei gleiche, spiegelsymmetrische Hälften teilt und auf der Blattrückseite kräftig hervortritt.

Mehltau
Oberbegriff sowohl für den Echten Mehltau (weißer, mehliger Überzug auf Blättern, Stengeln und Blüten) als auch den Falschen Mehltau (weißer oder grauer Schimmelrasen auf den Blattunterseiten und gelbe Stellen auf den Blattoberseiten).
Wird erzeugt durch verschiedene Pilze, denen gegenüber manche Pflanzen, wie z.B. Rosen oder Begonien besonders anfällig sind. Sollte möglichst frühzeitig durch Entfernen befallener Pflanzenteile oder den Einsatz eines Fungizids bekämpft werden.

Sprühnebel
Hilft die Luftfeuchtigkeit in der Umgebung einer empfindlichen Pflanze zu erhöhen. Wichtig ist, daß oft genug (eventuell mehrmals täglich)gesprüht wird, da die Wirkung rasch nachläßt. Der Sprühnebel sollte möglichst fein und das verwendete Wasser weich sein, da hartes Wasser auf den Blättern Rückstände hinterläßt. Behaarte Pflanzen nicht besprühen.

Feuchtigkeitsmesser
Meßgerät, mit dessen Fühler sich der Feuchtigkeitsgehalt einer Topferde bestimmen läßt. Wird oftmals mit Angaben zu den spezifischen Bedürfnissen verschiedenster Zimmerpflanzen verkauft und kann für Anfänger eine Hilfe sein, die noch nicht gelernt haben, den Feuchtegrad einer Topferde durch Augenschein und Berührung festzustellen. Ein Feuchtigkeitsmesser ersetzt jedoch nicht das Urteilsvermögen eines erfahrenen Zimmergärtners, der die Wassermenge in Abhängigkeit von der Jahreszeit und dem jeweiligen Wetter bemißt und auch die günstigste Tageszeit zum Gießen wählt.

Nodium
Stengelknoten, aus dem Blätter oder Seitentriebe wachsen.

Ableger

Von einer älteren Pflanze (Mutterpflanze) gebildete Jungpflanze (Tochterpflanze), die leicht abgetrennt und selbständig eingepflanzt werden kann. Es gibt verschiedene Arten von Ablegern: Tochterzwiebeln oder -knollen, kleine Pflänzchen an Seitentrieben (z.B. bei *Sempervivum*) oder an der Basis einer älteren Pflanze entstehende Seitensprosse, die eigene Wurzeln treiben (bei Bromelien).

Eiförmig
Bezeichnung für ein an der Basis breiteres Blatt in der Form eines Eies.

Handförmig geteilt
Bezeichnung für ein eher rundliches Blatt, das durch tiefe Einschnitte oder Einbuchtungen in einzelne fingerförmige Lappen unterteilt wird.

Torfhumus
Erfreut sich zunehmender Beliebtheit, da er leicht und gut zu handhaben ist und in gleichbleibender Qualität hergestellt wird. Der niedrige pH-Wert des Torfs wird dabei durch die Beimengung von Kalk ausgeglichen (Vorsicht bei kalkmeidenden Pflanzen!), während zugefügter Sand für eine günstige Struktur und eine Anreicherung mit Nährstoffen für verbessertes Pflanzenwachstum sorgen.

Ausdauernde Pflanzen
Gewächse, die in der Natur länger als zwei Jahre leben. Werden sowohl im Garten als auch im Haus bisweilen nur einjährig gezogen.

Petiolus
Blattstengel.

pH-Wert
Maß für die Acidität (pH = 0–7) oder Basizität (pH = 7–14) einer wäßrigen Lösung. Wird auch zur Beurteilung von Böden verwendet. Im Gartenbau gilt eine Erde als neutral, wenn ihr pH-Wert zwischen 7 und 6,5 liegt, weil in diesem Bereich fast alle Pflanzen gut gedeihen. Zimmerpflanzen zeigen eine relativ große Toleranz gegenüber dem pH-Wert. Pflanzen, die jedoch einen sauren Boden brauchen, werden in diesem Buch entsprechend beschrieben.

Phototropismus
Die Fähigkeit von Pflanzen, sich zum Licht zu neigen bzw. auf eine Lichtquelle zuzuwachsen. Kann in einem Raum, in dem das Licht nur aus einer Richtung kommt, zu einem echten Problem werden. Um dem Phototropismus entgegenzuwirken, werden stark zum Licht (also zum Fenster) neigende Zimmerpflanzen, täglich um ein Viertel gedreht. Bei blühenden oder knospenden Pflanzen ist allerdings Vorsicht geboten. Arten wie Azaleen, Clivien, Gardenien oder Oster- und Weihnachtskakteen können nämlich ihre Blüten oder Knospen abwerfen, wenn sie zu einem ungünstigen Zeitpunkt bewegt werden.

Ausbrechen
Das Abknipsen oder Stutzen von Triebspitzen, um die Bildung von Seitentrieben anzuregen. Triebspitzen werden vorzugsweise bei jungen, normalerweise lang und dünn aufschießenden Pflanzen ausgebrochen, um damit ein buschigeres Wachstum anzuregen.

Blattfieder
Teil eines gefiederten Blattes oder Blattwedels.

Ausläufer (Stolon)

Ober- oder unterirdisch wachsender Seitensproß mit verlängerten Internodien, der an den Knoten Wurzeln und neue Sproßsysteme, also junge Pflanzen bildet, die nach dem Absterben der Verbindung unabhängig von der Mutterpflanze weiterwachsen (wie z.B. bei der Grünlilie, *Chlorophytum*).

Vergeilung
Durch Lichtmangel bewirkte Veränderung einer Pflanze, die sich auszeichnet durch bleiche, stark verlängerte und schlaff herabhängende Triebe sowie schwach entwickelte Blätter.

Pflanzgefäße
Sind heute in allen nur erdenklichen Größen, Formen und Farben im Handel erhältlich. Viele dieser Behälter bestehen aus Kunststoff, was für manche Pflanzen durchaus von Vorteil sein kann, da Erde in Plastiktöpfen langsamer austrocknet. Sie sind zudem unzerbrechlich, besser sauber zu halten, da sich Algen und Schmutz gut von der glatten Oberfläche abwischen lassen. Letzteres spielt sicher in einem Gewächshaus eine geringere Rolle als im Haus, wo es auch auf schönes Aussehen ankommt. Bei den Farben ist Vorsicht geboten – manche Kunststoffe werden durch starkes Sonnenlicht ausgeblichen. Trotz mancher Vorteile von Kunststoffbehältern sollte man jedoch nicht ganz auf Tontöpfe verzichten. Sie sehen nicht nur schöner aus – in ihnen staut sich das Wasser auch nicht so leicht, und sie sorgen durch ihr Eigengewicht dafür, daß Gewächse mit schwerem Oberteil wie z.B. Palmen, Bogenhanf oder Palmlilien nicht so leicht umfallen. Manchmal ist ein normaler Topf zu tief für eine kleine Pflanze oder ein Gewächs mit kleinem Wurzelballen, dann kann auch ein Halbtopf benutzt werden.

Umtopfen
Umsetzen einer Pflanze in einen größeren Topf. Dieser sollte nur ein oder zwei Nummern größer sein als der alte Topf, da bei einem zu großen Volumen die Erde ausgelaugt ist, bevor die Pflanzenwurzeln sie durchdringen können.

Umtopfen

1. Topf umdrehen und auf den Rand klopfen, um den Topfballen zu lockern.

2. Etwas Erde auf den Boden des neuen Topfes streuen, die Pflanze einsetzen und den freien Raum zwischen Wurzelballen und Topf mit neuer Erde auffüllen.

3. Damit sich die Erde setzt, wird der neu bepflanzte Topf sachte auf eine feste Unterlage geklopft.

4. Noch vorhandene Lücken werden mit Blumentopferde gefüllt, bevor man die Pflanze gut angießt.

Eintopfen

Einen Sämling oder bewurzelten Steckling zum ersten Mal in einen Topf mit Pflanzerde setzen.

Pikieren
Vorgang, bei dem Sämlinge aus dem Topf oder der Aussaatschale, in der sie gekeimt sind, herausgenommen und entweder einzeln in Töpfe gepflanzt oder mit größerem Abstand in einen flachen Behälter mit Erde umgepflanzt werden.

Vermehrung
Die Aufzucht neuer Pflanzen aus Samen (generativ) oder aus Stecklingen, Absenkern, Ablegern, Seitensprossen etc.(vegetativ).

Vermehrungskasten
Ein Behältnis, in dem man Samen keimen, Keimlinge aufziehen oder Stecklinge Wurzeln treiben lassen kann. Die meisten dieser Behälter werden beheizt und sind dicht verschlossen, damit in ihnen eine möglichst feuchtwarme Atmosphäre herrscht. Sie müssen auch an einem hellen Ort stehen, damit die in ihnen heranwachsenden jungen Pflänzchen genügend Licht bekommen.

Rote Spinne

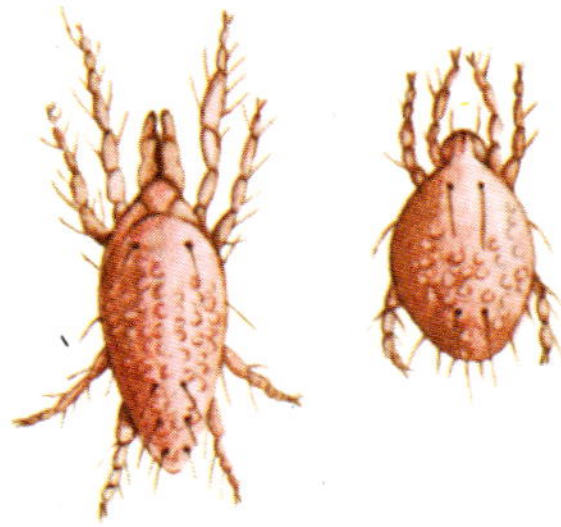

Winzige, in erwachsenem Zustand rotbraune, Pflanzensaft saugende Milben, die meist erst dann bemerkt werden, wenn sie sich schon stark vermehrt haben. Bilden zwischen Stengeln und Blättern silbrige Gespinste und verursachen gelbe Flecken auf den Blättern. Diese verfärben sich allmählich hellgelb und fallen ab. Zur Bekämpfung der Roten Spinne sollten Blätter und Stengel am besten in eine insektizide Lösung getaucht oder aber mehrfach mit Pflanzenschutzspray behandelt werden (draußen !). Durch eine Erhöhung der Luftfeuchtigkeit (tägliches Absprühen der Pflanze) kann einem Befall vorgebeugt werden.

Nährstoffe
Stoffe, die eine Pflanze für ihr Wachstum und ihre Entwicklung braucht. Zu ihnen gehören die Hauptnährelemente Stickstoff, Kohlenstoff, Wasserstoff, Sauerstoff, Phosphor, Kalium, Magnesium, Kalzium und Schwefel, die eine Pflanze in größeren Mengen braucht, sowie die in nur geringen Mengen benötigten Spurenelemente Eisen, Mangan, Bor, Molybdän, Zink und Kupfer. Der Bedarf an einzelnen Nährstoffen unterscheidet sich jedoch von Pflanze zu Pflanze.

Rhizom (Wurzelstock)
Unterirdisch oder dicht unter der Erdoberfläche wachsende, feste, verdickte Sproßachse, die als Speicher- und Überdauerungsorgan dient und oberirdische Sprosse treibt.

Wurzelballen
Die Gesamtheit der Wurzeln und die

von ihnen umschlossene Erde, wenn eine Pflanze aus ihrem Topf gehoben wird.

Rosette
Grundständige, dicht am Boden um ein gemeinsames Zentrum herum angeordnete Blätter (wie z.B. bei den Bromelien oder Usambaraveilchen).

Gelappt
Bezeichnung für eine Blattform, bei der tiefe Einschnitte das Blatt in rundliche Lappen unterteilen.

Schildläuse
Kleine saugende Insekten, deren unbewegliche Weibchen zumeist von einem braunen, gelben oder weißen Schild

bedeckt sind. Man kann Schildläuse abwischen oder bei sehr starkem Befall mit einem systemisch wirkenden Insektizid bekämpfen.

Hitzeschäden
Durch einfallende Sonnenstrahlung kann Pflanzengewebe örtlich so stark erhitzen, daß pergamentartige Flecken auf den Blättern entstehen.

Samen (Aufzucht aus)
Viele Zimmerpflanzen werden von Züchtereien aus Samen gezogen. Die häuslichen Möglichkeiten in dieser Richtung sind jedoch beschränkt, wenn man nicht über ein Gewächshaus ver-

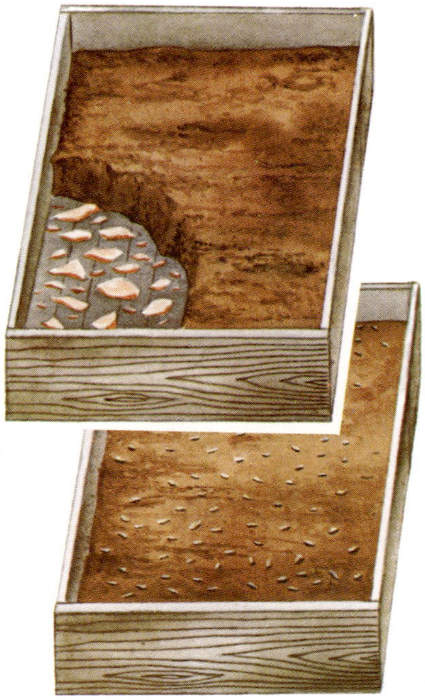

fügt. Da man in der Regel nur einige wenige Pflanzen braucht, sollten die Samen in einen Topf mit Vermehrungssubstrat dünn ausgestreut oder in einer Aussaatschale mit ausreichendem

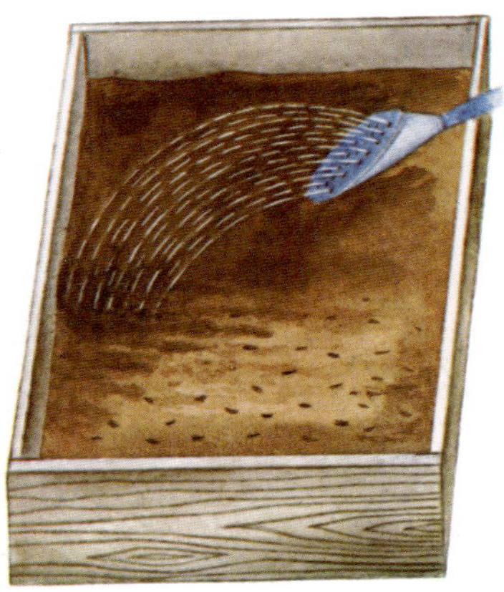

Abstand einzeln ausgesät (siehe Abbildung) und dann mit Erde dünn bedeckt werden. Töpfe stellt man in eine Schale mit Wasser (damit das Wasser im Topf aufsteigen kann) oder gießt sie wie die

Aussaatschalen von oben. Danach bedeckt man den Aussaatbehälter (wenn man keinen Vermehrungskasten besitzt) mit einer Glasscheibe und einem Bogen Papier und stellt sie an einen warmen Ort zum Keimen.
Sobald die ersten Keimlinge erscheinen, müssen sie ins Licht gebracht werden (wenn die Samen nicht gleich zur Keimung Licht brauchen). Die Sämlinge werden einzeln in Töpfchen oder einen

anderen Aufzuchtbehälter pikiert, zur Aufzucht an einen hellen Platz gestellt und regelmäßig gedreht.

Kurztagspflanzen
Pflanzen, die blühen, wenn die Nächte länger und die Tage kürzer werden. Setzen erst Knospen an, wenn sie eine Zeitlang täglich weniger als zwölf Stunden Licht bekommen.

„Weiches“ Wasser
Wasser, das wenig oder überhaupt keinen Kalk enthält.

Spadix

Ein fleischig verdickter Blütenstand (Blütenkolben), der an seiner Oberfläche in kleinen Vertiefungen winzige Blüten trägt und meist von einer Blütenscheide (Spatha) umgeben ist.

Spatha
Ein großes, oft bunt gefärbtes Hochblatt (Braktee), das als Blütenscheide schützend einen Blütenkolben umgibt (z.B. bei *Anthurium* oder *Spathiphyllum*).

Art (Spezies)
Gruppe von Lebewesen mit weitgehend übereinstimmenden Merkmalen, die sich untereinander kreuzen lassen.
Ähnliche Arten werden zu einer Gattung zusammengefaßt.

Sporen
Winzige, einzellige Fortpflanzungseinheiten von blütenlosen Pflanzen wie Farnen und Moosen, aus denen sog. Gametophyten (Pflänzchen mit männlichen bzw. weiblichen Organen) entstehen. Erst aus den befruchteten Eizellen entwickeln sich wieder die sog. Sporophyten, die Sporen produzieren.

Stamen (Staubblatt)
Aus Staubfaden und Staubbeuteln bestehendes männliches Blütenorgan, das den Blütenstaub (Pollen) bildet.

Seitensprosse (Kindel)
Junge Pflanzen, die meist an der Basis einer erwachsenen Pflanze ausgebildet werden und sich leicht abtrennen und separat einpflanzen lassen. Zu den Pflanzen, die sich über Seitensprosse vermehren lassen, gehören Zwiebelgewächse, Bromelien, Kakteen und andere Sukkulenten.

Sukkulenten
Pflanzen mit fleischigen Sproßachsen und / oder Blättern, die durch ihre Fähigkeit, Wasser zu speichern, Trockenperioden überstehen können.

Systemisch
Bezeichnung für Pestizide, die von den Pflanzen aufgenommen und in ihrem Organismus verteilt werden.

Ranken
Zu schnurförmigen Organen umgewandelte Blätter oder Sproßspitzen, mit denen sich eine kletternde Pflanze festhält.

Knolle
Unterirdischer, stark verdickter Teil des Sprosses (z.B. bei der Kartoffel) oder der Wurzel (z.B. bei der Dahlie), der als Speicher- und Überdauerungsorgan (im Winter oder in Trockenzeiten) dient.

Panaschiert
Bezeichnung für Blätter, die andersfarbige Ränder, Flecken oder Punkte aufweisen.

Adventivwurzeln
Wurzeln, die sich an Blättern oder Stengeln bilden, wenn diese eingeschnitten wurden.

Wassergabe
Durch zu reichliches Gießen gehen wahrscheinlich wesentlich mehr Zimmerpflanzen ein als durch Wassermangel. Falsches Wasser kann eine Pflanze ebenfalls krank machen oder langsam töten. Für die Mehrzahl der Zimmerpflanzen ist Leitungswasser zwar ausgezeichnet geeignet; in Gegenden mit sehr „hartem" (also kalkreichem) Wasser werden Pflanzen, die auf eine saure, kalkfreie Erde angewiesen sind, jedoch leicht geschädigt. Daher wurde im ersten Teil dieses Buches für kalkempfindliche Zimmerpflanzen stets die Verwendung von „weichem" (also kalkfreiem) Wasser empfohlen. Doch wie bekommen ? Eine Möglichkeit besteht darin, das von Natur aus weiche Regenwasser zu sammeln; eine andere, Wasser abzukochen und einen Tag lang stehen zu lassen oder Wasser zu verwenden, das mit Hilfe eines Ionenaustauscher von Kalk befreit wurde.

Pyrethroide
Eine Gruppe von insektizid wirkenden Stoffen, die als Naturstoffe in *Chrysanthemum coccineum (Pyrethrum)* vorkommen oder synthetisch hergestellt werden.

Weiße Fliege
Winzige, wie kleine weiße Motten aussehende, Pflanzensaft saugende Insekten, die ihre Eier an den Blattunterseiten ablegen und auffliegen, wenn die Pflanze berührt wird. Sie können mit geeigneten Insektiziden (Aerosolen oder

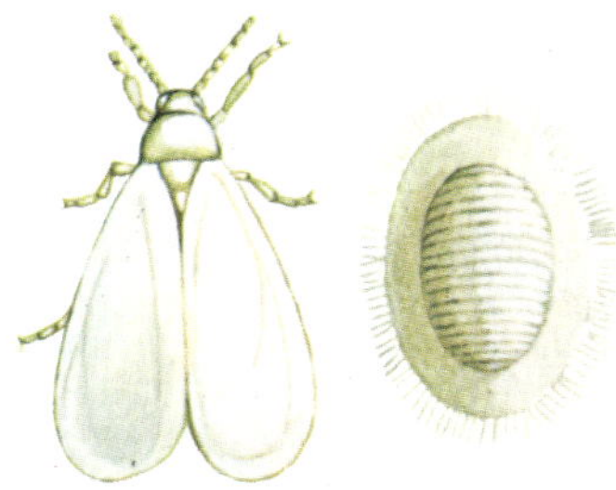

systemisch wirkenden Mitteln) bekämpft werden.

Verzeichnis der deutschen Pflanzennamen

Bildnachweis

Bernard Alfieri: 19(o)
P. Ayers: 54(u)
Steve Bicknell: 8(o), 12(u), 19(u), 20(u), 28(o), 30(u), 47, 48(o), 49, 53, 57, 59, 64(u), 67(o), 72(o), 74(u), 93, 94(u), 101,
P. Booth: 61
Michael Boys: 22(o)
Pat Brindley: 2, 33
R.J. Corbin: 106(l), 114(ul)
Eric crichton: 46(o)
Alan Duns: 20(o), 34(u)
The Exotic Collection: 24(o)
Paul Forrester: 11(u), 14(o), 23(o), 38(o),71, 74(o), 77(o), 78(u), 83, 95, 118
P. Hunt: 12(o)
A.J. Huxley: 92(o)
Naru Inui: 109(o)
Leslie Johns: 70(u)
Peter McHoy: 22(u), 90, 91(u), 98(o), 104, 106(r), 108, 111, 112(l), 114(o)
Bill McLaughlin: 5
Elsa Megson: 31
John Melville: 7(o,u), 8(u), 9, 10, 11(o), 13, 14(u), 16, 17(o,u), 18(o, u), 21, 23(u), 24(u), 25(o), 26(o,u), 27, 28(u), 29, 30, 32(o,u), 35, 36(u), 37, 38(u), 39, 40(u), 41, 42(o), 43, 46(u), 50(u), 51(o), 56(u), 58(u), 60(u), 63(o,u), 64(o), 65, 66, 67(u), 68(u), 69, 73, 76, 77(u), 78(o), 79, 82(o), 84, 85(u), 86, 88(o), 89, 91(o), 96(u), 99, 100
P. Rosenwald: 40(o)
Harry Smith Horticultural Photographic Collection: 6, 34(o), 36(o), 42(u), 44(o), 45, 48(u), 56(o), 58(o), 62(u), 68(o), 72(u),75, 82(u), 85(o), 87(o,u), 88(u), 92(u), 94(o), 96(u), 97, 100(u)
Peter Stiles: 70(o)
Pamla Toler: 25(u)
Jerry Tubby: 81(o)
Colin Watmough: 50(o), 62(o), 80, 81(u)
Michael Warren: 15, 44(u), 51(u), 52(o,u), 60(o)